edition exil

wir gingen weil alle gingen.
thomas perle
prosa

edition exil

thomas perle: wir gingen weil alle gingen.
prosa, edition exil, wien 2018
isbn: 978-3-901899-69-0

lektorat: christa stippinger
layout und grafische gestaltung: sebastian menschhorn
korrektorat: eva auterieth

das buch entstand mit unterstützung der literaturabteilung des bundeskanzleramts
und der kulturabteilung der stadt wien

ein projekt des vereins exil im amerlinghaus
gefördert von:

BUNDESKANZLERAMT ÖSTERREICH

inhalt

wir gingen weil alle gingen. 7
august. 41
mutterkörper. jedes leben einmal zu ende. 49
holz. 61
schwarzer schnee. 69
schweigen. 107
wir danken der partei. 115

biografie 136

wir gingen weil alle gingen.

25. dezember. weihnachten 1989 verbrachten meine familie und ich nicht unter dem weihnachtsbaum, sondern vor dem fernseher. der seit ein paar tagen, seit ausbruch der revolution, ununterbrochen lief.
ganz ungewöhnlich. früher gab es nur zwei stunden fernsehen pro tag.
diese zwei stunden wurden eingeleitet durch unsere sozialistische hymne, die die drei farben, ein mutiges volk und den durch fleißigen elan entstehenden sozialismus pries.
danach die nachrichten. die vom wohlstand und reichtum unserer sozialistischen republik berichteten. mit bildern von vollen theken und vollen bäuchen, dicken kühen und anständig arbeitenden bauern und arbeitern.
anschließend ein film oder ein theaterstück. nochmals nachrichten. danach schwarz.
oder immer schwarz. wie unsere häuser schwarz. denn schließlich baute unser sozialismus auf dem fleißigen elan eines arbeitenden volkes auf. und auf der sparsamkeit unseres geliebten *conducătors*.
die dunkelheit kurbelte durch kerzenkäufe die wirtschaft an, der romantische kerzenschein und die kälte die geburtenrate.
so der plan unseres gescheiten *conducătors*.

ganz anders im dezember 1989. tagelang bilder von buhenden menschen vor dem zentralkomitee. bilder von einem führer, der sein eigenes volk nicht mehr versteht. bilder von der mutter des volkes, die ihre kinder zum schweigen

aufruft. bilder von einem hubschrauber, der sich erhebt, kurz bevor die masse in das gebäude dringt und papier über papier durchwühlt und auf die straße wirft.
bilder von einem alten paar, das aus einem panzer gezerrt wird. bilder vom alten paar in der ecke eines kleinen zimmers. bilder von der schreienden tobenden nationsmutter, die auf den tisch haut. bilder vom alt gewordenen bauernsohn, dem erstens genozid, zweitens unterwanderung des staates, drittens diebstahl öffentlicher vermögenswerte, viertens das ruinieren der rumänischen volkswirtschaft sowie fünftens versuchte landesflucht vorgeworfen wird. schließlich wackelige bilder vom toten führerpaar.
zwei leichen, die wie puppen in die kamera gehalten werden. freiheit.

meine mutter weinte. alle waren wir seit tagen vor dem fernseher und alle verstanden wir nicht, was da passierte, was passieren wird. keiner ging mehr arbeiten, das ganze land schaute in die fernseher, gebannt, gefesselt, die nahende freiheit spürend. in den großen städten mit löchrigen fahnen auf den straßen.
ich weiß nicht, ob meine mutter wie all die anderen millionen rumänen vor freude weinte. oder vor trauer. trauer um diesen mann, der ihr seit mehr als vierundzwanzig jahren jeden tag von acht bis zehn uhr im fernsehen erzählte, alles sei fantastisch, obwohl nichts fantastisch war. der jetzt leblos in die kamera glotzte und nichts mehr zu sagen hatte. oder vor trauer um das eigene leben, das sie sich in neununddreißig jahren aufgebaut hatte. das mit dem tod ceaușescus nun auch im sterben lag.

sie verließ das zimmer und ging hinunter in den garten. bevor sie das tat, sah sie meinen zweijährigen bruder liebevoll an und gab ihm einen kuss auf die stirn.
mich nahm sie fest in den arm und flüsterte mir ins ohr: *für euch.*
ich verstand, was sie da sagte und verstand nichts. ich verstand meine mutter nicht, die im garten stand und zum himmel hinaufsah und weinte. leise, nur für sich.
und noch stundenlang unter dem großen nussbaum stand, lange nachdem mein vater meinen bruder und mich ins bett gebracht hatte.

uns ging es gut. anders als andere rumänische familien hatten wir alles.
wir waren reich. na gut, reich durfte man nicht sagen, das war westlich. und reich waren wir auch nicht wirklich. wir waren wohlhabend.
wir lebten nicht in einer großen stadt, wir lebten an einem ort, der sich stadt nennen durfte.
mein vater war geologe. oft tagelang in den bergen unterwegs und kam mit lauter aufzeichnungen, steinen und skizzen in seinem kleinen lederrucksack zurück.
meine mutter war laborantin im schlachthof. die meiste zeit trank sie kaffee und rauchte mit ihren kolleginnen, schaute sechs tage in der woche in ein mikroskop. so stellte ich mir das zumindest immer vor.
sie war herzenskommunistin, weil ihr kommunismus etwas mit reisen nach leningrad und pelzen zu tun hatte. und weil ihr mundwerk laut und ihr bekanntenkreis groß war, mangelte es uns an nichts. an fast nichts.

schlange stehen mussten wir nie. so gut wie nie. für fleisch jedenfalls nie.

wir hatten hühner. heißt jeden morgen frische eier. elf hähne. heißt viele küken.

was bedeutete noch mehr hühner. noch mehr fleisch.

und weil das ganze rumänische fleisch ins westliche ausland fahren durfte im gegensatz zu uns, die vielen bekannten meiner mutter aber fleisch wollten, wurde getauscht.

auch die milch, die die patentante meines bruders aus der milchfabrik mitbrachte, war begehrt bei den vielen bekannten.

in unserem land kaufte man nicht, man besorgte. in rumänischen geschäften wurde nichts verkauft, in rumänischen geschäften gab es.

unsere überlebensmittel gab es auf ration. alles andere war nur luxus.

benzin zum beispiel. für das mein vater oft zwei tage lang schlange stand.

wir waren so wohlhabend, dass wir sogar ein auto hatten. eine rote dacia.

mit der fuhren wir jeden sommer ans schwarze meer. im winter manchmal zum skifahren in die berge. und wenn es an der tankstelle benzin gegeben hatte oder mit den bekannten getauscht werden konnte über schotterstraßen durch grüne, bunte oder weiße wälder – irgendwohin.

wie einst ein bär auf der motorhaube saß. im rechten fuß meiner mutter zuckte es. ihr fuß wollte in richtung westen. aber wir fuhren in den süden. in die richtung, aus der mein großvater kam. in die gegend, aus der das temperament meiner mutter kam, wie oma im spaß sagte. es war früh am morgen, nacht noch. die rücksitzbank war ein bequemes bett für uns kinder. hinter den vordersitzen waren taschen eingequetscht. auf diesen die rote, die nicht so kratzige decke.

die reifen fuhren über staubige straßen mit pflasterstein. manchmal knallte es, wenn wir ein schlagloch übersahen. die federn in der rücksitzbank federten uns kinder in den schlaf. kurven wogten uns durch den wald.

plötzlich waren wir hellwach, als die dacia abrupt stehen blieb. die füße meiner mutter drückten kupplung und bremse durch.

beinahe wären wir alle durch die windschutzscheibe geflogen.

jesus!, hörte ich meine mutter atmen. dann machte sie den motor aus.

im auto wurde es totenstill. man hätte unsere herzen schlagen hören. ich schaute über die schulter meiner mutter durch die windschutzscheibe.

im scheinwerferlicht entdeckte ich braunes fell. ein bär. ein großer brauner bär mitten auf der straße! ein müder bär, der jetzt gelassen auf die dacia zukam. selten wurde bei uns gebetet. jetzt beteten wir zu gott, zu jesus, zum heiligen antonius und allen heiligen, die uns noch einfielen. wir verkrochen uns tief in unsere sitze, als sich das auto senkte.

niemand konnte uns helfen. unsere nachbarn hatten kennzeichen mit ungeraden zahlen und durften erst einen tag später in den urlaub fahren. kein anderes auto weit und breit um diese zeit. der bär hockte auf unserer motorhaube. wir warteten.

die sonne würde bald aufgehen und meine mutter wurde langsam ungeduldig. seit einer stunde blickten wir auf den dicken bärenhintern. der nervte sie jetzt gewaltig. so beschloss sie eigenmächtig, unser aller leben zu riskieren, und hupte. zwei, dreimal haute sie auf die hupe und dabei brüllte sie, so laut sie konnte. der bär erschrak und suchte im wald das weite. mit bärenhinterndelle auf der motorhaube fuhren wir im morgengrauen in richtung kleine walachei.

der himmel über oltenia. alles war flacher. ausgetrocknete hügel, über die man weit ins land sehen konnte. hinter uns der karpatenbogen.
auf der anderen seite der berge im westen die weiten flachen felder des banat. im süden die mächtige donau. die uns von den jugoslawen trennte. das wasser oft durchlöchert von kugeln. meistens nachts blut darin.
im osten der fluss olt. überquert man ihn, ist man in der großen walachei mit ihren weiten ebenen, wo die riesigen felder und das öl zuhause sind. ein ganz anderes rumänien.
hier war mein großvater, mein *ota*, auf die welt gekommen. hierher war er auch oft wochenlang verschwunden, wenn mich nachts rumänisches geschrei geweckt und oma morgens am küchentisch weinte.
mit unserer roten dacia erregten wir aufmerksamkeit. menschen saßen auf bänken vor ihren häusern. vor den toren. oder im gras ihrer schanzen, den kanalgräben entlang der straße vor den häusern. breite bauernhände, schaufeln ähnlich, winkten uns.

die frauen hatten schöne bunte kopftücher auf. sie lächelten uns zu. goldzähne funkelten in ihren mündern.
verstaubt stand die dacia schließlich vor dem großen tor bei den väterlichen verwandten mütterlicherseits.
im hof stand ein langer tisch voller rumänischer delikatessen.
große schüsseln mit tomatensalat aus riesigen fleischtomaten und zwiebeln, *mămăligă cu brânză*, selbstgebackene weißbrotlaibe zwischen platten voller hackfleischwürsten, die wir *mici* nannten. auf dem grill brutzelten koteletts und melanzani, die mit knoblauch zu *vinete* als paste aufs brot geschmiert wurden.
auf der runden grillplatte wurden kartoffeln im fett innen weich und außen knusprig.
literweise standen bier und selbstgebrannter schnaps in der mitte der tafel, daneben der wein, der am nächsten tag kopfschmerzen machte.
die onkel und tanten wurden rot im gesicht und waren fröhlich.
nie im traum wäre ich darauf gekommen, in einem armen land zu leben.

      der himmel war schwarz. ohne strom gab es kein licht. nur das feuer und millionenfach die leuchtenden sterne.
wir schwitzten am feuer. eine geige spielte. es wurde geklatscht. gesungen.
ich hatte einen hundewelpen im schoß und dachte nicht an die flohbisse, die am nächsten morgen jucken würden.
mein kopf lehnte an der schulter meiner mutter, in deren schoß mein kleiner bruder in seiner pinken latzhose schlief.

die frau eines cousins meiner mutter oder eine ihrer vielen cousinen setzte sich neben uns.

mit tränen in den augen sah sie meinen bruder an und streichelte mir über den kopf. sie jammerte wie die frauen hier aus dem süden. löwenjammer.

wie die berühmte rumänische chansonsängerin, die man versehentlich lebendig begraben hatte. so klagte sie über dieses verfluchte leben, das es nicht gut mit ihr gemeint hatte. von entsetzlicher kälte sprach sie, die sie im winter hatten leiden müssen.

erzählte von ihrem haus, das dem erdboden gleichgemacht worden ist. von den feldern, die man ihr weggenommen hatte. sie verfluchte diesen verfluchten menschen, der uns dieses ganze leid antat. der sie delogiert hatte.

wegen dem sie jetzt in einem block wohnen müsse in der verhassten stadt.

nicht einmal fließend wasser gäbe es dort. und das scheißhaus, die *buda*, sei im hof. für alle. das genick könne man sich brechen, wenn man nachts in der finsternis scheißen geht. so ein leben hätten sie.

und dann wiederholte sie ständig den vornamen des verfluchten menschen, der für ihr leid, für unser aller leid anscheinend verantwortlich war.

oribil, wiederholte sie. und ich konnte in ihrem kummer das grauenhafte nicht verstehen. hätte sie es doch nur gewusst. hätte sie doch nur gewusst, weinte sie.

meine mutter hielt ihre hand ganz fest und fing an zu weinen. auch mir tat es weh und wir beweinten zusammen den kleinen nicu.

sie hatten versucht im winter die heizung aufzudrehen, doch sie blieb kalt. ganz kalt blieb sie in der nacht.

wenn es in unserem haus kalt wurde, schlich sich meine mutter nachts zum kachelofen und legte heimlich holzscheite nach, während unser hausdiktator, mein vater, schlief. wir konnten heizen. im block ging das nicht.
im block blieb es im winter immer kalt.
dick eingehüllt hatte der kleine nicu zwischen seinen eltern geschlafen. doch es war so kalt geblieben in der verfluchten wohnung. er sei so ein stilles kind gewesen. keinen mucks. keinen mucks habe er von sich gegeben.
am nächsten morgen war der kleine nicu ganz blau. und tot.

vier hähne weckten uns am nächsten tag. herzlich wurden wir von allen verabschiedet. selbst von nachbarn, die vorbeigekommen waren. im kofferraum schmuggelten wir mais und melanzani über kreisgrenzen.

demonstrieren aus spaß. tanten sind bei uns *nénis*. die begrüßt man mit *csókolom* oder *kisztihand*. eine rumänische tante ist eine *tanti*. die begrüßt man mit einem *sărut-mâna*.
nachdem man mit seiner stimme die hände der tanten auf diese weise geküsst hat, antworten sie alle mit *szerbusz*. alle onkel haben einen dicken bauch und nennt man *bácsi*. teri néni, die zehn jahre jüngere schwester meiner großmutter, hatte uns mit isidor bácsi das fegefeuer ins haus gebracht, wie oma immer sagte.
den beiden gehörte das teppichgeschäft über dem schuhgeschäft an der hauptstraße. gut, es gehörte ihnen nicht wirklich. es war der staatseigene einzelhandelsbetrieb für

teppiche und textilien. auch hier gab es einen diktator. isidor bácsi.

er hatte weißes haar mit einer schmalzlocke wie jene, die jeden abend im fernsehen zu sehen und in jeder rumänischen zeitschrift auf der ersten seite abgebildet war.

der onkel schlief zuhause gerade seinen rausch aus, während teri néni und ihre vier kolleginnen teppiche und stoffe zählten. anscheinend hatten die frauen nicht viel zu zählen gehabt, denn die tür war verschlossen und dahinter konnte ich deutlich die tantenstimme parolen rufen hören.

ich kicherte. und schlug so fest ich konnte gegen die tür. rief mit tiefer stimme *securitate!* hinter der tür rumpelte es. dann blieb es ganz plötzlich ganz still.

jetzt säuselte eine stimme *moment, moment*. öffnete die tür und entdeckte mich, die lauthals loslachte. das tantenherz fing wieder an zu schlagen und die ganze tante schüttelte sich vor lachen.

melinda!, rief sie ins geschäft hinein. als entwarnung für die kolleginnen. als die das hörten, nahmen sie wieder entspannte körperhaltung ein.

marika, die nicht einmal rauchte, drückte eine zigarette aus. *wås måchts?*, fragte ich.

demonstrier'mer, und teri nénis augen leuchteten. sie drückte mir ein stück pappe in die hand. *puderzucker* stand da drauf.

wir gingen mit schildern im kreis und riefen laut *puderzucker! eierschmålz! hehnerszuppn!* und meinten freiheit, wohlstand, demokratie.

hatten dabei nie im leben an eine wirkliche revolution gedacht.

tante erika. die jüngste schwester meiner großmutter. sie war für mich keine néni. erika war die klügste von allen. und die mutigste.
nach vielen jahren des wartens und vielen blauen briefen im mistkübel, war der ersehnte brief endlich gekommen. da packte sie ihre sachen, den mann und die zwei söhne und machte eine reise in den westen. nach deutschland. für zwei wochen. 1983.
aus zwei wochen wurden fünfunddreißig jahre. und erinnerungen an pakete.
pakete aus dem westen. pakete aus deutschland. pakete von der lieben tante erika. die nach westen dufteten. pakete voller seife, strumpfhosen, kaffee, schokolade.
das ganze verpackt in den tollsten plastiksackerln.
diese schwang ich über meinem kopf durch die stadt. stolzierte das pflaster auf und ab. in die schule. in die häuser meiner freundinnen und war stolz, eine westeuropäische tante zu haben, die mir westeuropäische sachen aus deutschland schickte.

die rote dacia. unsere rote dacia 1310 war von oben bis unten vollgepackt.
es war der sommer 1991. eineinhalb jahre nach der brutalsten revolution der revolutionen von 89. eineinhalb jahre, in denen meine großmutter starb. eineinhalb jahre, in denen mein großvater starb. eineinhalb jahre, in denen ein bis dato sozialistischer staat in den genuss der demokratie kam.
eineinhalb jahre, in denen alle meine deutschen freundinnen einen familienurlaub nach deutschland machten.

eineinhalb jahre, in denen unsere deutsche klasse immer leerer wurde, weil die freundinnen nicht mehr aus dem urlaub zurückkamen.
eineinhalb jahre, in denen meine mutter arbeitslos wurde, eineinhalb jahre, in denen mein vater arbeitslos wurde.
also beschlossen wir – mehr meine mutter für uns alle – auch endlich unseren langersehnten familienurlaub zu machen.
den rufbrief hatte oma geschickt, die kurz nach der geburt meines kleinen bruders 1987 einen urlaub nach deutschland zu ihrer schwester erika gemacht hatte.
und auch nicht wieder zurückgekommen war.

komisch fand ich es schon, dass meine mutter monate vor unserem urlaub pakete schnürte mit ihrem kobaltservice, den porzellanfiguren, unserem fernseher und einigen spielsachen und diese mit freunden über die rumänische grenze zu den väterlichen verwandten nach miskolc schaffen ließ.
komisch auch ihr hysterischer anfall, als knapp vor unserem geplanten urlaub mein *nagytata,* der vater meines vaters, starb und die beerdigung kurz vor dem ablaufen unseres visums stattfand. aber als elfjährige habe ich nichts hinterfragt und freute mich auf westeuropa.

westeuropa. westeuropa ist ein schönes land. nein, kein land. mehr ein ort, an dem man vom boden essen kann, weil es so sauber ist.
es ist ein ort, an dem man nachts durch die straßen laufen kann als kleines mädchen, weil es so friedlich ist. westeuropa ist ein ort, wo jeder alles hat, weil es so reich ist.

ein ort, an dem man sagen kann, was man denkt, ohne dafür bestraft zu werden, weil es so frei ist. es ist ein ort, an dem sich alle menschen kennen und nett zueinander sind, weil sie alle im geiste geschwister sind.
es ist der ort, an dem schokolade auf den bäumen wächst, milch mit honig in den flüssen fließt, zucker und blumen vom himmel regnen und spielsachen aus dem boden wachsen. das waren meine gedanken damals.
als wir ankamen, merkte ich sofort, dass es nicht so ganz meinen vorstellungen entsprach. aber vorher mussten wir noch durch das schmutzige, schlechte, böse osteuropa, das eigentlich gar nicht so schmutzig, schlecht und böse war.

das auto voll bis obenhin. ich und mein dreijähriger bruder saßen hinten eingeengt auf der rücksitzbank, meine mutter mit dem korb voller schnitzelbrote und thermoskanne eingequetscht auf dem beifahrersitz, mein vater beinahe das lenkrad an die brust gedrückt. so fuhren wir durch die brütende sommerhitze in richtung westen. hatten die fenster weit geöffnet und ließen die frische bergluft ins innere unserer dacia, als wir die zwei waldpässe überquerten.
an der blau/gelb/roten grenze hieß es plötzlich *ausräumen!* meine mutter, an die ganze prozedur gewöhnt, packte all unsere sachen aus und gab meinem vater bunte scheine, der sichtlich nervös mit einem zollbeamten in ein häuschen verschwand und nach kurzer zeit, nachdem das auto bereits wieder eingeräumt war, wiederkam mit bunten stempeln in den pässen. tauschgeschäft.

wir fuhren weiter. zu den väterlichen verwandten nach miskolc, ungarn.

meine mutter hatte ja ihr gutes kobaltservice vorgeschickt, das dort auf uns gewartet hatte. und nicht nur das. sie hatte auch unsere ganzen wintersachen ohne mein wissen über die grenze schaffen lassen. außerdem bettwäsche, polster, decken, und und und. es schien, als habe unser halber hausstand in ungarn auf uns gewartet.

und nun, kurz vor unserer weiterfahrt, wurde ein improvisierter gepäckträger auf das dach unserer überfüllten dacia geschnürt und auch vollgepackt.

das heißt es also, ein auto tieferlegen, dachte ich.

noch mehr eingequetscht und nun nachts ging es weiter in richtung tschechoslowakische grenze. österreich wollte uns ohne visum nicht durchlassen.

mein bruder schlief tief und fest neben mir im nichtkindersitz.

je näher wir der grenze kamen, umso schlimmer wurden die hysterischen anfälle meiner mutter.

erst trommelte sie mit den händen auf dem armaturenbrett, dann schrie sie meinen vater ohne jeden grund an. leise, denn hinten schliefen ja wir kinder. wie das geht, weiß ich bis heute nicht. aber es ging.

beim anblick meines kleinen bruders kam sie auf die glorreiche idee.

die tschechen machten ihr angst. rumänische beamte knackte sie leicht. immerhin sprach sie ihre sprache. aber die tschechen...

schlaf!, sagte sie plötzlich zu mir.

warum?, fragte ich, *ich bin nicht müde.*

– *dann stell dich schlafend!*

ohne zu wissen warum, verstand ich am ton meiner mutter sofort, was sache war und tat wie mir befohlen. ich schlief tief und fest wie mein kleiner bruder. tat zumindest so. zwei schlafende kleine engelchen auf dem weg in den westen.
an der rot/weiß/grünen grenze merkte ich den lichtschein einer taschenlampe auf meinem gesicht und hörte meine mutter die paar ungarischen wörter, die sie kannte, sprechen. merkte, dass wir ein paar meter weiterfuhren. dann hörte ich nur noch kauderwelsch. und meinen vater, der aus dem auto ausstieg.
er wurde in das grenzhäuschen geführt, wo ihm ein tschechischer beamter auf tschechisch dinge erklärte und auf die grüne karte der dacia zeigte.
dann blickte er streng zu meiner mutter, die neben dem auto stand.
plötzlich hielt der beamte die hände hoch, so als hätte er handschellen an den handgelenken und zeigte auf meinen vater. der sollte ins gefängnis. mein vater sollte also ins gefängnis. nein, nein. nicht mit meiner mutter.
todesmutig und zu allem bereit betrat sie das grenzhäuschen. in dem sich herausstellte, dass die karte genau einen tag vorher abgelaufen war.
wenn blicke hätten töten können.
da dies genau die einzige sache war, um die sich mein vater vor unserer abreise hätte kümmern sollen, während meine mutter alles andere organisiert hatte, führte dieser eine überschrittene tag auf dem papier an der tschechoslowakischen grenze zu einem handfesten ehekrach auf rumänisch.
der tscheche verlangte für das vergehen 210 DM, meine mutter hatte noch 200 DM in ihrer handtasche. es fehlten

zehn mark. die fehlten, weil ich und mein dreijähriger bruder auf der fahrt ständig cola wollten.
ja, das war das erste, was den armen leuten, die unter dem kommunismus gelitten hatten, durch den zerrissenen eisernen vorhang gereicht wurde. und ja, mein kleiner dreijähriger bruder bekam als dreijähriger schon cola, weil wir damals hinter dem eisernen vorhang kein cola hatten und meine mutter uns jetzt alles geben wollte, was wir hinter dem eisernen vorhang nicht gehabt haben.
also kramte sie jetzt verzweifelt überall nach den fehlenden zehn mark.

die schlafenden kinder im auto hatten die bösen tschechischen beamten davon abgehalten, unser auto auszuräumen, nicht aber meine mutter auf der suche nach den verfluchten zehn mark. die sie gott sei dank irgendwo fand, dem tschechischen beamten mit den restlichen 200 DM in die hände drückte, schnell ins auto stieg und meinem vater *fahr los!* befahl.
mein vater schaute sie mit seinen sanften braunen augen an und fragte in ruhigem ton, ob sie nicht etwas vergessen hätte.
da lagen sie. alle unsere sachen aus dem kofferraum verstreut an der grenze. genau das, was meine mutter durch uns schlafende engel hatte verhindern wollen.

es war der vierte juli. unser persönlicher independence day. als wir den gefallenen eisernen vorhang endlich überschritten.
kurz nach der schwarz/rot/goldenen grenze sah ich zum ersten mal eine autobahn. sah mein vater zum ersten mal

eine autobahn. sah die dacia das erste mal eine autobahn.
besser gesagt die von oben bis unten vollbepackte dacia
sah das erste mal eine autobahn und fing bei der hohen
geschwindigkeit, die sie noch nie hatte fahren dürfen, auf
dem beschleunigungsstreifen plötzlich an zu schreien.
dann begann meine mutter zu schreien. daraufhin mein
sonst so ruhiger vater.
dann mein bruder. und zu guter letzt ich.
wir schrien. alle. aus diesem angstschrei entwickelte sich,
nachdem wir die beschleunigungsspur verlassen hatten –
besser gesagt den standstreifen, auf dem wir einige zeit
schon fuhren – ein urschrei. unser familiärer urschrei der
freiheit. pathetisch. aber so war es.
wir saßen in diesem vollgepackten lahmen auto und schrien
alle aus vollen hälsen. fuhren auf dem standstreifen und
waren glücklich. glücklich wegen der luft, die nach freiheit,
nach neuem leben roch.
wir fuhren als erstes zu meinen großeltern mütterlicherseits.

oma hatte ihren independence day bereits drei jahre zuvor
gefeiert.
hatte sich ihre freiheit bereits aus dem hals geschrien. und
sich die letzten jahre in dem wissen, dass ihr mann, der ihr
in rumänien das arbeiten verboten hatte, noch eine ganze
weile hinter dem eisernen vorhang bleibt, emanzipiert und
nach vierzig jahren hausfrauendasein an ihrem schicksal
als trümmerfrau angeknüpft.
hatte angefangen zu arbeiten, hatte gespart. mein großvater, der außer *eins zwei polizei bitte danke ja nein* kein wort
deutsch sprach, war ihr nach dem tod des bauernsohns

gefolgt. jetzt in diesem fremden land war er nun abhängig von seiner selbstständigen frau deutscher herkunft.

als wir vier bei ihnen ankamen, in der kleinen wohnung, die aussah wie die sommerküchen bei uns daheim, waren die ersten worte meiner mutter *wir bleiben, wir gehen nicht mehr zurück.*
schock. dann freude. bei mir. mein vater reagierte etwas anders.
er wollte gar nicht erst mitfahren. deshalb hatte er sich nicht um die versicherungskarte der dacia gekümmert. hatte geahnt, was meine mutter bereits lange im voraus geplant hatte. von wegen sie werde alle porzellanfiguren in deutschland verkaufen, verschenken.
schon zwei wochen nach der revolution war sie mit teri néni nach bukarest gefahren, um dort drei tage lang für ein visum schlange zu stehen.
hunderte standen in der zerschossenen stadt vor dem konsulat. mit jeweils einem lederkoffer in der hand bestiegen die beiden frauen schließlich den zug in richtung budapest, stiegen in wien um und fuhren zu erika.
es sollte ein langer urlaub werden für die tante. der beginn eines neuen lebens.
für meine mutter aber erst ein wenig später. nach einem monat war die sehnsucht nach ihrer familie so groß geworden, dass sie sich entschloss zurückzukommen.
jetzt, endlich in deutschland und vereint, beschloss sie zum wohle der gesamten familie tatsächlich zu bleiben. schließlich waren wir ja deutsche.

was uns deutsch. 1812 wird mein ururgroßvater matthias in bad ischl geboren. dieser heiratet meine 1826 in der zips geborene ururgroßmutter theresia. 1832 kommt mein anderer urugroßvater johann in tirol auf die welt, der meine andere auch in der zips aber 1854 geborene ururgroßmutter ekatharina heiratet. 1850 kommt wieder ein ururgroßvater zur welt, auch in bad ischl, auch ein matthias. der heiratet aber eine elisabeth, die 1852 auch in bad ischl zur welt gekommen war. hier erblickt auch meine ururgroßmutter milka 1862 das licht der welt und heiratet den 1854 in der zips geborenen josef. sie alle wanderten in richtung osten. wo schließlich meine urgroßeltern auf die welt kamen. wo meine eltern geboren wurden. wo ich geboren wurde. die von ihren eltern nun in den westen gebracht wurde.

wir gingen weil alle gingen. wir waren nicht die einzige familie, die die blutverschmierten puppenleichen des führers und der mutter der nation im *televizor* gesehen hatte, und meine eigene mutter war auch nicht die einzige, die für ihre familie die entscheidung getroffen hatte, das land für immer zu verlassen.
ich merkte es damals in rumänien noch vor allem in der schule. ich ging auf die deutsche schule meiner heimatstadt und hatte viele freundinnen und freunde mit verwandten in deutschland.
eines tages war der sitzplatz neben mir leer und ich dachte, meine beste freundin isadora sei krank. im ersten moment dachte ich mir nichts dabei. schließlich hatte ihre mutter ja in der schule angerufen und sie krank gemeldet. als ich aber nach schulschluss zu ihr nach hause lief, um ihr

die hausaufgaben zu bringen, erschrak ich. das tor, das sonst immer offen stand, war fest versperrt, die rollläden der fenster weit unten ohne auch nur einen klitzekleinen spalt, das auto im hof war weg.
ich ging nach hause und rief sie an. einmal. zweimal. dreimal. niemand hob das telefon ab. als meine mutter nach der arbeit nach hause kam, sagte sie meinem vater in der küche, ihre arbeitskollegin gisi, isadoras mutter, sei krank gemeldet und meine erzählung von den heruntergelassenen rollläden und dem verschwundenen auto sprudelte nur so wie ein wasserfall aus mir heraus. meine mutter schmunzelte plötzlich. ich verstand nichts und lief in mein zimmer, wo ich stundenlang weinte, bis meine mutter mir erzählte, isadora sei wahrscheinlich nicht krank, sondern in den familienurlaub gefahren. ganz spontan. niemand würde sich noch um festgelegte ferienzeiten kümmern. alle würden in den familienurlaub fahren. am nächsten tag in der schule fehlten weitere fünf klassenkameraden und ich dachte an die worte meiner mutter: familienurlaub. als wir schließlich nur noch zu zehnt in der deutschen klasse saßen, fragte ich meine mutter, ob wir nicht auch endlich in den familienurlaub fahren könnten. ohne freundinnen mache schule keinen spaß.
bald, sagte sie, *bald* und bekam dieses schmunzeln.
nicht nur in der schule verschwanden alle, auch meine freundinnen aus der nachbarschaft wurden von tag zu tag immer weniger.
wir lebten schließlich in einer deutschen nachbarschaft. *dieses deutschland,* dachte ich damals, *ist ein loch, das all meine freundinnen verschluckt. man kann doch nicht einen ganzen monat auf urlaub sein.*

meine mutter weihte mich schließlich beim packen von teri nénis koffern in die ganze sache ein. die tante stand nämlich kurz vor ihrem urlaub.
nach deutschland. dem loch, das alle meine freundinnen verschluckt hatte.
sie erzählte mir, dass auch die tante in den urlaub fährt, um für immer in diesem deutschland zu bleiben. ich begann zu weinen und krallte mich um die hüften der tante. schließlich war auch oma schon so lange weg.
sie erzählte in ruhigem ton, dass auch isidor bácsi folgen würde, sobald sie ein wohnheim gefunden habe und dass auch mein großvater bald zu meiner großmutter nach deutschland reisen und bleiben würde.
ich weinte noch mehr.
erst alle meine freunde und nun auch meine ganze familie. schließlich sollte meine mutter auch mitfahren. die würde sicher auch gleich bleiben!
ich hasste deutschland. hasste dieses menschenfressende deutschland wie die pest. die tante streichelte meinen kopf, versprach hoch und heilig, dass meine mutter ganz sicher wiederkommen würde. weil sie uns so lieb habe und nicht lange ohne uns sein könne. dass sie selbst und ich uns ganz bald wiedersehen würden. in deutschland. weil wir auch ganz bald dort familienurlaub machen würden.
wieder das schmunzeln meiner mutter.

da war er, unser familienurlaub. wir standen in deutschland im garten meiner großeltern und meine mutter hatte die neuigkeit verkündet: *wir bleiben. wir gehen nicht mehr zurück. wir werden deutsche staatsbürger.* das war

unser gutes recht. schließlich bekannten wir uns schon seit ich denken kann zu diesem deutschtum, wie es in den formularen formuliert war.
für diese standen wir stundenlang vor den ämtern schlange. dieses schlangestehen war also nicht nur in osteuropa ein volkssport.
unmengen von familien reihten sich hier morgens an und warteten auf ihre herkunftstaatsangehörigkeit. wir spätaussiedler waren wirklich spät dran. wir hatten noch passfotos machen müssen.

sich als jugendliche mit freundinnen in die winzige kabine zu zwängen und grimassen zu schneiden war ein riesenspaß. einen gerade vier gewordenen in die kabine zu zwängen für ein simples foto war kein spaß.
aus dem schlitz kamen vier verheulte fotos meines kleinen bruders.
da in westeuropa doch nicht zucker und blumen vom himmel regnen und weder schokolade noch geld auf den bäumen wächst, mussten wir die paar mark, die wir hatten, optimal nutzen.
so kam meine mutter erneut auf eine grandiose idee. ich wurde in die kabine gesetzt und bekam meinen bruder auf den schoß gesetzt.
schau, das vögelchen. der kleine tomi schaute nach vorne. ich zog schnell meinen kopf aus der kabine. blitz. natürlich schaute tomi seiner großen schwester hinterher.
schau, das vögelchen. eine millisekunde länger gewartet. kopf raus. blitz.
schau, das vögelchen. blitz. vielleicht das richtige bild. dann meinen bruder schnell aus der kabine in die arme meiner mutter befördert und blitz.

man kann sich vorstellen, wie bescheuert ich auf diesem letzten bild dreinschaue.
ich wollte es eigentlich zerreißen, aber wir hatten keinen pfennig zu viel in der tasche und neben zwei anderen bildern meines bruders, auf denen meine schulter und das rechte ohr meines bruders zu sehen sind, einmal mich als große nichtschönheit und ein einigermaßen annehmbares bild meines kleinen bruders für unsere späteren ausweise.
auf einem der papiere las ich hinter meinem namen *deutsch*.
endlich. stand ich da. mit meinen dreizehn jahren und war in diesem deutschland, das nun auch mich gefressen hatte. hochoffiziell gefressen hatte.

im westen alles frei, doch nichts umsonst. ein paar tage verbrachten wir wie krautwickel im topf. die sommerküche war vollgestellt. überall lagen unsere koffer und taschen in der kleinen wohnung verstreut.
wir kinder saßen auf dem boden und schauten deutsches fernsehen. so lernten wir hochdeutsch. mein großvater lag auf dem bett und hatte die hände auf seiner brust verschränkt. verstand kein wort, das im fernseher gesprochen wurde.
cowboys schossen wild um sich, als oma hereinkam und anfing zu schimpfen.
er solle gefälligst nicht so daliegen! wie ein toter im sarg! jesus und maria!, schimpfte sie.
mein großvater folgte. meine großmutter legte uns kissen unter die kinderhintern und streichelte uns über die köpfe. dann machte sie sich platz in der unordnung.

die cowboys im fernsehen fingen an rumänisch zu sprechen. sie sprachen mit der stimme meiner großmutter.

    wir kinder sollten den kapitalismus kennenlernen und die eltern ihre neu erlangte kauffreiheit auskosten. da wir nicht viel geld hatten, mit dem wir unsere kauffreude hätten stillen können, fuhren wir zu einem diskontladen. auf dem parkplatz parkten so viele autos. so viele hatte ich noch nie auf einmal gesehen. menschen schoben volle einkaufswägen, volle kofferräume rollten nach hause. mein vater drückte mir eine silberne münze in die hand. die lang ersehnte mark. die ich in den schlitz eines einkaufswagens schob. dann war ich im paradies.
wie eine verrückte rannte ich durch das ganze geschäft und nahm alles in die hand. in rumänien hatte ich das nicht gekonnt. in rumänien hatte ich nur meine nase gegen theken drücken können und mit dem finger auf das zeigen müssen, was ich wollte. jetzt durfte ich alles anfassen, anfassen, anfassen.
meine mutter begutachtete das fleisch und die wurst.
mein vater verglich das weißbrot mit dem schwarzbrot, von dem alle immer redeten.
mein kleiner bruder blieb vor den süßigkeiten stehen.
unser wagen wurde immer voller. dann wieder ein wenig leerer. meine mutter, die finanzen immer im blick, war sehr streng mit dem, was in den wagen durfte und was nicht. dann rollten wir zum langen fließband und stellten alles drauf.
meine mutter hielt der rothaarigen dauerwelligen kassierin einen schönen blauen schein hin und bekam ein paar kupferne münzen zurück.

wir verließen das geschäft und waren verwundert, als wir zum auto kamen.

dort stand mein kleiner bruder bereits vor dem auto. seelenruhig und von niemandem bemerkt hatte er sich an der kasse vorbeigeschlichen und hielt jetzt so viele süßigkeiten wie er nur in seinen kleinen kinderhänden tragen konnte vor seiner brust.

schockiert öffnete meine mutter rasch den kofferraum, in dem die gekauften und gestohlenen sachen ganz schnell verschwanden. dann fuhren wir kriminell davon. dass wir mit den süßigkeiten hätten zurückgehen können, um sie im nachhinein zu bezahlen, wäre meiner mutter niemals in den sinn gekommen.

zu groß war ihre angst vor einer abschiebung aufgrund dieses schweren delikts.

ein zwischenleben. war eine der stationen auf dem weg zur etablierung unseres neuen lebens. wir vertriebenen spätaussiedler würden bald deutsche staatsbürger werden. zunächst einmal verließen wir die kleine wohnung der großeltern und zogen in ein hochhaus. durchgangsstelle hieß das. ein verlassenes bürogebäude in der nähe eines teiches.

am ufer gegenüber stand ein großes gebäude aus jener zeit, in der das deutschtum besonders zelebriert wurde. in der nähe der berühmten tribüne, auf der dies mit fackeln und fuchteln geschah. wo aufmärsche stattgefunden, aufgrund derer wir den vertriebenenstatus überhaupt erst hatten.

in unserem zimmer im siebenten stock warteten wir auf unsere neuen identitäten.

warteten auf die einbürgerungsurkunden. und zitterten, weil mit unserem deutschtum vielleicht doch etwas nicht stimmte. zwei wochen verbrachten wir hier. und fuhren aufzug.

ich hatte noch nie solch einen modernen aufzug gesehen. mit diesem fuhr ich rauf und runter. rauf und runter. rauf und runter. rauf und runter.

ich mit meinen über zwölf jahren durfte schon alleine fahren, so stand es auf der tafel. mein bruder mit seinen vier jahren noch nicht. er schaffte es trotzdem einmal.

ich hatte beschlossen, am teich spazieren zu gehen und nahm ihn mit.

wir warteten auf den aufzug. ich, die große schwester als stolze aufsichtsperson, wie auf dem schildchen beschrieben.

unten angekommen, öffneten sich die türen. da spazierte ich los und dachte, mein bruder würde mir folgen.

aber in dem moment drückte er die untersten knöpfe, die er mit seiner mickrigen größe erreichen konnte, darunter den selbstschließknopf und ich sah ihn an der anzeige über der verschlossenen tür nach oben fahren. 1, 2, 3, 4 ...

ich rannte zum treppenhaus, die treppen hoch in jeden stock und hielt panisch ausschau nach meinem kleinen trottelbruder. den ich auf keinem gang der zehn stockwerke fand.

ganz oben angekommen drückte ich auf den aufzugsknopf und wollte schon zurück in unser zimmer, um den eltern zu beichten, dass sie jetzt wieder ein einzelkind hätten.

ich wartete auf den aufzug. die türen öffneten sich.

doch kein einzelkind. mein bruder lachte und hatte gelernt alleine aufzug zu fahren.

wir zogen um. diesmal in ein hotel in der nachbarstadt, in der auch die tanten wohnten. dort war die sprachschule meiner eltern. die mussten jetzt deutsch lernen. ordentliches deutsch. nicht dieses mischmaschdeutsch, diesen dialekt, den wir zuhause sprachen. auch meine mutter musste lernen, wann der, wann die, wann das verwendet wurde. und wann das das zu des und das die zu der wird und warum.
wir flüchtigen wohnten in einem hotel und bekamen das zimmer vom staat gezahlt. sozialistische republik deutschland. dachte ich. zwei monate lebten wir hier. danach kamen wir dem schritt zu einem etablierten leben immer näher. im wohnheim.

übergangsleben. zurück in der stadt mit der burg und dem fernsehturm bekamen wir eines der zimmer in einer achtzigquadratmeterwohnung mit drei zimmern, einer küche, einem bad, einem klo.
diese teilten wir uns mit einer russischen familie. wir lebten zu viert im größten zimmer. darin stand ein großes ehebett, ein stockbett, ein esstisch, ein schreibtisch, zwei stühle und ein großer schrank. der nun vollgepackt wurde mit all unseren sachen. auf den schrank kam unser fernseher und zur verschönerung des ganzen natürlich sämtliche porzellanfiguren meiner mutter.
mein beitrag zur verschönerung des zimmers waren die dreihundert BRAVO-poster, die ich woche für woche, monat für monat, in den zwei jahren, die wir hier verbrachten, auf die wand hinter dem ehebett meiner eltern pickte.

ich kam gerade in die pubertät und da meine eltern bald nachdem wir hier einzogen über feste einkünfte verfügten, konnte ich mir wie alle pubertierenden mädchen meines alters die jugendzeitschrift leisten. den kindern sollte es an nichts mangeln.
meine eltern wurden trotz hoher bildung im neuen leben lagerarbeiter.
akademiker im arbeiterundbauernstaat, arbeiter im akademikerstaat.
wir verabschiedeten uns von unserer roten dacia, die onkel isidor an die rumänischen nachbarn verkauft hatte. zu unserem neudeutschen leben passend musste ein deutsches auto her: ein weißer opel ascona. der für uns die ascona war. wie die dacia. wegen a.
mit dem neuen auto fuhren wir, jetzt ohne benzin tauschen zu müssen, zu den verwandten, die immer zahlreicher wurden. der gesamte deutsche teil meiner familie zog uns nach. dieses menschenfressende deutschland hatte uns wieder vereint, wie es sich selbst vereint hatte.
meinen fünfzehnten geburtstag feierten wir zu dreißigst in unserem dreißigquadratmeterzimmer.
wir brauchten nicht viel. nur einen tortenboden, früchte, gelatine, sahne und uns.
die russlanddeutsche familie, die mit uns wohnte, verstand das sehr gut. auch sie war nach deutschland in ihr herkunftsmutterland gekommen.
ihre babuschka, die zahnlose alte frau im kleinsten zimmer der wohnung, war als mädchen nach russland verschleppt worden.
in der küche roch es immer nach einer mischung aus borschtsch und piroggen, krautwickel und gulasch. auf

dem einen herd der küche brutzelte und dampfte es russisch, auf dem anderen rumänisch und ungarisch. immer wurde fleisch geklopft. auf beiden seiten gab es schnitzel. wir lebten zu neunt in einer wohnung und meine mutter machte den ultimativen badezimmerplan. schwerste organisation mit zwei elternpaaren, die morgens zur arbeit, einem kind, das in den kindergarten und drei jugendlichen, die in die schule mussten.

wie ich eines tages die u-bahn verlor. ich wurde eingeschult.
eine arbeitskollegin meiner mutter hatte ihr eine mädchengesamtschule empfohlen. in rumänien war ich zuletzt in die siebente klasse gegangen und hätte in die achte klasse gewechselt, bevor ich im jahr darauf auf das gymnasium gekommen wäre.
anders in unserem neuen leben.
in osteuropa sind kinder nämlich dumm. dachte sich die direktorin. denn obwohl die schule ein gymnasium hatte, kam ich auf die realschule.
dass ich bereits seit der ersten klasse in allen fächern auf deutsch unterrichtet worden war, sogar lesen und schreiben konnte, zwei weitere muttersprachen sprach, hatte die direktorin herzlich wenig interessiert.
gleich am ersten schultag passierte mir der erste fauxpas. ausgerechnet an diesem morgen sollte der ultimative plan meiner mutter nicht aufgehen, weil sie nicht mit meinem plärrenden kleinen bruder gerechnet hatte. der hatte nämlich keine lust auf kindergarten. erst recht nicht, weil ihn seine große schwester dort hinbringen sollte.

ich kam also eine halbe stunde zu spät. öffnete meine klassentür und blickte in alle mädchengesichter. klar war ich die älteste.

vor lauter aufregung sagte ich: *ich habe die u-bahn verloren!*

die ganzen puten lachten und ich war auf einen schlag das dumme osteuropäische mädchen, das u-bahnen verlor. natürlich blieb ich es nicht. als ich erzählte, dass ich mit meiner mutter und meinem bruder deutsch, mit meinem vater ungarisch spreche und meine eltern miteinander rumänisch, waren alle beeindruckt und fanden es cool, plötzlich ein sprachenbegabtes flüchtlingskind aus rumänien zur freundin zu haben. auch wenn ich nicht wirklich ein flüchtlingskind war. aber ich war eben cool.

ankommen. in der schultüte keine überraschung.

auf dem tisch lag der gelbe tiefkühlkäsekuchen. oma sang schrill *alles gute zum geburtstag, alles gute und viel glück, so ein tag kommt nimmer wieder, so ein tag kommt nie zurück!*

nach dem zwischenleben und dem übergangsleben lebten wir nun in unserer ersten eigenen wohnung. hatten die drei zimmer im siebenten stock für uns ganz allein zur miete. im wohnzimmer war die wohnwand eiche rustikal. und die couch hatte ein wildes graues muster. es war tomis siebenter geburtstag und juli, drei jahre lebten wir nun schon in diesem deutschland. und waren deutsche staatsbürger.

tomis patentante ist in heilbronn gelandet und war zu besuch. ganz aufgeregt packte mein kleiner bruder seine

geschenke aus. wir schauten alle ganz verwundert, als eine spitze tüte zum vorschein kam, die sich tomi auf den kopf setzte.
fragende gesichter, denen erklärt wurde, dass es sich hierbei um eine schultüte handelt, die für den ersten schultag mit süßigkeiten gefüllt wird. aha. ein komischer brauch also. ahnungslose osteuropäer, die wir waren, lächelten wir nur und würden also diesen neuen brauch auch einführen.

den sommer hatten wir zum ersten mal als gäste in rumänien verbracht. von unseren ersparnissen, von denen wir uns noch vor vier jahren hätten ein neues auto und ein haus kaufen können, besorgten meine eltern einen kasten bier und ein feuerzeug für die handwerker, die in unserem badezimmer rosa fliesen verlegten.
glücklich sah meine mutter aus. und stolz.
jedes jahr sollten wir wieder zurück. wie wenn uns etwas jedes jahr hierherziehen würde. immer wenn es wärmer wird. wie zugvögel.

im herbst sollte das zweite coole flüchtlingskind eingeschult werden. mein kleiner bruder, der jetzt rumänisch mit deutschem akzent sprach.
in den geschäften waren überall schulsachen und glückliche pappkartonkinder mit ihren schulranzen und schultüten.
diese schultüte. was sollten wir nochmal mit ihr machen? mit süßigkeiten befüllen. tomi durfte sich im diskontladen seine lieblingssüßigkeiten aussuchen. ganz nach unten kam ein apfel, dann die süßigkeiten.
am ersten schultag ging tomi ganz schick in seinem schwarzen anzug mit den ebenso aufgebrezelten eltern in die

schule. *fesch* nannte ihn die lehrerin, als er sein namensschild abholte. das alles filmte mein vater mit unserer neuen videokamera.

glücklich strahlte auch der kleine tomi in die kamera an seinem großen tag.

am nächsten tag schon lag er jedoch weinend auf meinem bett.

als ich ihn fragte, was los war, erwiderte er schnappatmig *keine überraschung.*

wir hatten doch keine ahnung, dass alle anderen kinder irgendwelche barbies und wecker in ihren schultüten haben würden. dass es auch brauch war, eine überraschung darin zu verstecken.

ich versprach meinem kleinen bruder hoch und heilig, dass so etwas nicht mehr vorkommen würde. und versaute dafür seinen ersten tag am gymnasium jahre später.

ein familienvideo. auf einer videokassette ist einer der kostbarsten momente unseres ankommens festgehalten.

nachdem meine eltern eisern gespart hatten, hatten sie sich den traum einer eigenen videokamera erfüllt. das erste video, das mein vater aufzeichnete, zeigt uns die wohnung putzend. es wurde nach dem etablieren unseres festen lebens zu unserem samstäglichen ritual. nach den samstagseinkäufen kamen die samstäglichen süßigkeitennaschereien. nach den samstäglichen süßigkeitennaschereien kam der samstagsputz.

zunächst ist das video schwarz. man hört meinen vater laut hinter der kamera reden, meinen sechsjährigen bru-

der lachen. die blende der kamera öffnet sich und etwas
fuchtelt vor der kamera herum: mein kleiner bruder.
dann springt er vor der kamera herum, geht zu unserem
blauen wellensittich und legt seinen arm liebevoll um
den käfig. daraufhin schwenkt mein vater in das wohnzimmer und filmt die wohnzimmertür, vor der meine
mutter staubsaugt.
ich erscheine pubertierend mit haarreif im hintergrund,
schaue scheu in die kamera und verschwinde in der küche. mein bruder beginnt auf der couch zu hüpfen und
bewirft meine mutter mit einem kleinen softball. meine
mutter schnappt sich diesen und versucht meinen bruder
zu treffen, der kreischend lacht und durch die wohnung
rennt, in mein zimmer.
dort geht der spaß weiter. ich liege sechzehnjährig auf
meinem jugendbett, vor dem jetzt mein bruder kreischend
lacht, als meine mutter den ball durch die gegend wirft.
mein bruder schlägt sich den kopf an und beginnt zu
weinen.
meine mutter tröstet ihn, kitzelt ihn, er lacht wieder laut
auf. seine strahlend blauen augen blicken dabei in die
kamera.
in der letzten sequenz sieht man meine mutter wieder
in der wohnzimmertür den wischmopp schwenkend in
dunkelroten leggins, man hört meinen bruder und mich
im hintergrund reden. und plötzlich der kostbare moment
des glücks, in dem meine mutter glücklich lächelnd in
die kamera blickt und zu meinem vater hinter der kamera
auf rumänisch sagt: *stell dir vor. stell dir vor, jetzt schon
zehn jahre in deutschland zu sein.*

25 jahre. am ende waren es 25 jahre, die meine mutter in deutschland gelebt hatte. den letzten sommer fuhr sie früher als sonst nach rumänien. als ob sie es gespürt hätte. ein letztes mal stand sie dort unter ihrem nussbaum. vielleicht wollte sie hier sterben. wir ließen sie nicht.
ihren letzten sommer verbrachte sie in einem deutschen krankenhaus.
für omas beerdigung im februar hatten wir die erde aus unserem garten vergessen.
im september schüttete der priester drei schaufeln in das offene grab auf den sarg meiner mutter und sprach von heimaterde.

heute bin ich ein wenig älter als sie während der revolution.
und knapp so alt wie sie damals, als sie die entscheidung fasste zu gehen.
jetzt begreife ich die worte, die sie mir damals ins ohr geflüstert hatte.
für euch.

august.

seine haut brennt. er spürt es nicht. er spürt sie nicht. spürt gar nichts mehr, sitzt einfach da in der heißen augustsonne am rand der gleise.
zwischen den bahnschwellen wächst gebüsch hoch. ganz hoch wächst in stauden der knöterich.
das eisen schwitzt in der sonne und dehnt sich unbemerkt. früher einmal hatte das stoppschild eine aufgabe. jetzt halten die autos nur, um dem großen schlagloch auszuweichen, kurz bevor sie die betonbrücke, die brüchig ist, überqueren. dort sitzt er unbemerkt und schaut. starrt auf den boden. starrt die straße an, die staubig, weil asphaltlos.
irgendwann wird die ganze stadt asphaltiert sein. irgendwann. doch man lässt sich zeit. das geld, es kommt. landet in vielen taschen. stopft die löcher darin. stopft die löcher in den taschen, statt die löcher in den straßen.
wer braucht gute straßen, wenn noch so viele pferdewägen auf ihnen?
pferdewägen mit heu. pferdewägen voll holz. wackeln durch die staubigen straßen. jedes mal ein lauter knall, wenn die reifen in ein schlagloch. jedes mal ein wackeln, ein schunkeln regelrecht. das das heu fliegen lässt durch den staub. ein fallen, ein klatschen, kaum hörbar in den rhythmischen schlägen von hufeisen auf asphalt, manchmal auf pflasterstein. im ohr kaum, dafür in der nase wahrzunehmen der fladen, der in der heißen augustsonne schnell getrocknet die schlaglöcher stopft, wenn der zufall es will.
das alles nimmt er nicht mehr richtig wahr, während seine haut ganz rot schon von der sonne verbrannt im august.

er hatte einen namen. vasile hieß er. wahrscheinlich weiß er es nicht mehr. lange schon hat er seinen eigenen namen nicht mehr gehört. vielleicht ruft ihn morgens der schnaps noch so in seinem kopf. vasile trink! *hai să bem!*, lass uns trinken!, spricht der schnaps. vielleicht.

es wird besser. alles wird besser einmal. dachte er vor langer zeit. eine zeit, die lang vergangen, gefühlt seit einer ewigkeit. keine dreißig jahre her.
auch er bekam jenes weihnachten ein maschinengewehr in die hand und stand nachts in der kälte vor dem schlachthof, dem *abator*.
auch hier, in diesem tal ganz im norden ein bisschen revolution.
auch hier eine flucht. nicht im helikopter, dafür verkleidet, der bürgermeister und seine frau auf einem pferdewagen aus der stadt gebracht.
erinnerungen daran schwimmen im schnaps in seinem kopf.
irgendwo im benebelten kopf schwimmen die erinnerungen an den *conducător* in dieser stadt. als vasile, kurz nachdem sich der hohe besuch angekündigt, verantwortlich war für das prestige des schlachthofs. das prestige der kleinen stadt. des ganzen landes. als er von berg zu berg, von hof zu hof, von weide zu weide.
nur die schönsten und fettesten kühe aus der umgebung dürfe er zu gesicht. die dann vor dem schlachthof standen, die schönen und fetten. die hässlichen und mageren versteckte man. wie alles, was nicht gut, wurden sie versteckt. er, der erste bauer im staat, durfte nicht sehen, wie schlecht es uns ging.

in einer dacia wurden der erste bauer und die erste wissenschaftlerin im staat durch die stadt gefahren. auf beiden seiten der hauptstraße standen und winkten die einwohner der stadt, alle, so wie die menschen aus den dörfern rundum, die man hierfür herbeigekarrt hatte. mit schlaffer hand winkte er ihnen zurück.
in der mitte der hauptstraße die leere straßeninsel schnell mit büschen und blumen bepflanzt, monate bevor sie kamen. von arbeitern und angestellten. sozialistisch gemeinsam. an einem sonntag. immer gab es arbeit in diesem land.

nachdem vasile mit dem maschinengewehr die leute vom stehlen abgehalten, nachdem die lebensgenossen von solchen gewehren erschossen tot in die knie gesunken, wurde nichts besser. für vasile nicht besser.

verwahrlost führen die schienen hinter ihm zum verwahrlosten schlachthof.
die kühe verschwanden, auch die hässlichen, mageren. nichts mehr wurde hier geschlachtet. keine kuhhälften, schweinestücke, lammkeulen mehr von hier in kühllastern in den westen geschickt.
von anderswo kommt jetzt das fleisch hierher. berge von fleisch und fleischprodukten jetzt in die berge statt von hier weg. in die vitrinen von geschäften, die auch sonntags geöffnet, auch rund um die uhr.
ob das jetzt besser ist, kann vasile nicht beurteilen.
damals, als er noch am schlachthof gearbeitet, hatten sie immer fleisch. eingekühlt im keller.

für seine tochter krimhilde hatte er immer *cremwurşt* im mantel versteckt am pförtner vorbei. schwimmende erinnerung.

anfang zwanzig war er, als er anfing am schlachthof. immer würde es fette kühe zum schlachten geben. immer die zukunft kommunistisch.
er mochte die mageren. die schnurfrauen. die dünnen, flachen, die ohne hintern und mit flachen brüsten. wie kete. groß und dürr stand sie im büro und rührte in ihrem nescafé. sie wackelte mit dem hintern, dem flachen, und er war sofort verliebt.
die kollegen sagten, er solle die finger von ihr, weil der chef sie fickt. sie ein brett, das gut genagelt. ihm war es egal. wenn sie erst seine frau, würde der chef sie nicht mehr.
jeden morgen ging er frisch gewaschen mit zuckerwasser im haar zur arbeit. drei jahre lang.
weil es das kino damals in der stadt noch gab, führte er sie ins kino. sie langweilte sich. sie mochte die rumänischen filme nicht. weil es das schwimmbad gleich neben dem wasser noch gab, ging er mit ihr ins schwimmbad. sie konnte nicht schwimmen.
jedes jahr machte er ihr einen antrag. beim dritten erst sagte sie ja und machte ihn glücklich. und zum katholiken. da war krimhilde bereits unterwegs. kete trug ein weißes kleid in der kirche. ohne sich zu schämen.
verheiratet bekamen sie durch das verheiratetsein immer eine *butelia*, die große gasflasche neben dem herd, sofern kete früh genug in der schlange stand.
nur ungern drehte kete die *butelia* auf. für den chef hatte sie nie kochen müssen. für das kind lernte sie polenta und bohnensuppe kochen.

wie lange er schon keine bohnensuppe mehr.
die kirche am wasser, wo früher das schwimmbad, läutet mittag. er sitzt im hohen gras.
bewegt sich nicht. starrt. kein mensch auf der straße. alle versteckt hinter heruntergelassenen rollos. vor der sonne versteckt. vor den fernsehern, in denen jetzt über dreihundert kanäle flimmern.
vor den häusern fremde kennzeichen in der ganzen stadt verteilt.
besonders viele fremde kennzeichen kommen im august. mit den menschen, die damals von hier weg. vielleicht auch kete. vielleicht auch krimhilde. vasile weiß es nicht.

nachdem alle vor den fernsehern, jenes weihnachten alle vor den fernsehern, saßen alle in den küchen am küchentisch.
vasile saß am küchentisch und hörte zu. sah seine frau an und wunderte sich, dass da rauch aus ihrem mund. mit dem rauch hatte sie das wort *viitor* herausgepafft. zukunft. *viitor* hörte er immer wieder, während er sich schnaps ins glas.
er nickte. er liebte sie und war froh, dass sie ihn überhaupt in ihre zukunft einbezog. dass sie ihn nicht allein zurücklassen wollte. er war froh. tat alles, was sie verlangte.
die achtjährige krimhilde hatte als erste ihre koffer gepackt. im februar schon.
er dachte erst einmal schauen. erst sich dieses deutschland anschauen, von dem alle reden. dieses deutschland, wo er niemals gewesen. wer weiß, ob es ihnen dort gefallen würde. dachte er.
schlachthöfe gab es dort auch. sie gingen.

verstehen sie deutsch? – ja ja. er sagte ja und dachte *da*. und nickte.
verfluchte die deutsche sprache, die er nicht verstand und nicht verstehen wollte.
vasile wurde stumm, und gut darin zu nicken. er lächelte, wenn er etwas nicht verstand und tat so, als ob er alles verstanden hätte.
in weiß gekleidet mit plastikschürze und handschuhen schob er halbe kühe und schweine durch kalte große hallen.
alleine saß er dann in der kantine. nur manchmal setzte sich johann neben ihn. mit dem er endlich rumänisch sprechen konnte. auch johann gehörte wie vasiles frau zu jenen aus der minderheit.
auch johann ging vasile irgendwann auf die nerven. auf die nerven mit diesem verfluchten deutsch. diese widerliche sprache, die einfach nicht in seinen kopf, nicht auf seine zunge wollte.
krimhildes zunge verlor schnell die rumänischen wörter, die er ihr einst beigebracht.
verirrte sich doch einmal ein rumänisches wort auf ihre zunge, klang es deutsch.
es wurde zeit, dass das kind wieder zurück. nach zwei jahren in diesem verfluchten land endlich wieder zurück. im august endlich wieder zurück. diesmal war er der erste, der koffer packte.

irgendwann lagen dann die papiere auf dem tisch. auf demselben küchentisch, wo er saß, als seine frau beschlossen hatte, dass er in ihrer zukunft vorkam.

auf den papieren jetzt gab es keine gemeinsame zukunft mehr. er solle seine unterschrift gefälligst darunter. so stand das in dem brief, den kete auf rumänisch verfasst. weil er nicht mehr zurück. nicht mehr zurück in das verfluchte deutschland wollte, das er hasste.
krimhilde hatte geweint, geschrien, als sie die mutter dort auf dem boden. in der küche gefunden hatte.
noch nie hatte sie die augen ihres vaters so gesehen. noch nie so voller wahn, voll wut gesehen. als die mutter vor ihr auf dem boden lag und winselte.
jeder tritt in ketes gedärm tat vasile gut. fühlte sich wie befreiung an.
endlich würde sie auf ihn hören. wenn er sie nur genug blau und grün schlüge, würde sie bleiben. hier. zurück. wo sie herkam.
kein deutsches wort mehr aus dem blutigen mund seiner frau wollte er hören. kein einziges mehr.
mit seiner unterschrift waren die deutschen wörter in seinem ohr verschwunden.

    an der straßenecke steht ein graues auto. das lenkrad hat es rechts. sein fremdes kennzeichen ist gelb. die menschen beachten ihn nicht. sind zu sehr beschäftigt mit den hochzeiten.
jenen mit den tausend gästen, die gerade modern sind hier. beschäftigt mit den taufen. er sitzt an den gleisen, auf denen keine züge mehr.
hier sitzt er seit jahren schon. seit jahrzehnten. in der brennenden augustsonne.
dass er einmal vasile hieß, wird auf einem holzkreuz stehen. auch der monat, in dem er gestorben. august.

mutterkörper.
jedes leben einmal zu ende.

großmutter schließt die augen und schläft. das leben ist noch nicht entwichen. noch steckt es in der kleinen brust. die sich sanft, kaum spürbar, noch hebt und senkt.
der tod streichelt ihr über den kopf. der tod ist mit mir in diesem kleinen zimmer.
der tod sitzt am kopfende. ich sitze neben dem bett auf der anderen seite.
der tod und ich sehen uns nicht an.
margeriten hat sie am liebsten. margeriten trinken wasser auf dem tisch am bettende.
ihre augen werden die margeriten nicht mehr sehen. ihre augen sind seit drei tagen geschlossen.
meine augen sind müde. meine augen sehen seit drei tagen keine träume. nur den morgen, der gerade draußen vor dem fenster anbricht.
mein rücken ist krumm. mein körper verschoben. seit drei tagen und nächten warte ich im stuhl neben dem bett darauf, dass der tod mir gegenüber sie mitnimmt. nur das leben will sie noch nicht gehen lassen.

friedlich sieht sie aus. ihr körper mit den jahren geschrumpft. das gesicht eingefallen.
ihre nase wirkt spitzer. auf ihrem kinn zähle ich sieben lange weiße haare. meine müden augen hatten sie wohl übersehen, als in meiner hand die pinzette.

die haut im gesicht ist weich. hängt schlaff.
in diesem gebrechlichen körper vor mir ist meine mutter herangewachsen. die brüste, die meine mutter einmal genährt, nur noch zwei hautlappen auf dem bauch, kaum sichtbar.
sie dachte schon lange an den tod. seit längerem warten wir gemeinsam auf ihn. jetzt streichelt er ihr über den kopf. und wird sie bald mitnehmen.

martha. ein einziges mal. ein einziges mal nur hatte sie mir von martha erzählt. dem mädchen, das im weißen kleid auf vergilbtem papier neben ihr steht. zwei kleine bräute, zwei fromme mädchen, die den leib christi zum ersten mal auf ihren zungen.
im schwarzen fotoalbum, großmutters schatz. ich schlug den schwarzen ledereinband auf und entdeckte das bild. erkannte sofort großmutters nase. fragte, wer das da neben ihr sei. martha, sagte meine großmutter.

martha hatte langes schwarzes haar und war sehr hager. sie war getauft. war ein christenkind. ich fragte, was mit martha passiert sei. großmutters augen wurden feucht. ihr mund begann zu zittern und fragte, ob ich nicht noch ein kompott.
ich bekam kompott und vergaß den namen mit m.
erst nach großvaters tod hörte ich ihn wieder. als großmutter das schwarze album hervor, um zu weinen.
sie erzählte mir von ihrer erstkommunion. sie erzählte mir von ihrer besten freundin. sie erzählte mir von martha. sie erzählte mir unsere geschichte.

es war einmal ein großes königreich, in dem meine großmutter geboren.

einst hatte es gar nicht existiert. einst wurde es von vielen anderen völkern beherrscht. einst war es ganz klein gewesen. dann kam der erste große krieg, in dem das kleine königreich an der seite der sieger gekämpft. und wurde dafür am ende belohnt.

wurde selbst zum vielvölkerstaat. großrumänien.

unser volk war in der minderheit. marthas volk war in der minderheit.

großmutter wuchs auf in einem haus in der nähe der menschen, deren sprache unserer sprache sehr ähnlich war. wortschätze verschmolzen.

jeden sonntag trafen sich meine großmutter und martha vor der brücke und gingen über den fluss in die kirche. die denselben namen trug wie meine großmutter.

in der schule lernten sie in der sprache, die von der sprache der kirche abstammt.

in der sprache, die von der mehrheit im königreich gesprochen.

in diesem tal und in den bergen ringsherum lebten viele völker. die straßen in dem kleinen ort voller sprachengewirr.

als meine großmutter noch zur schule ging und mit martha in die kirche, herrschte frieden. doch eines tages lernten die mädchen eine andere schrift. und eines tages war meine großmutter eine schönheit und jeder musste so werden wie sie. blond und blauäugig.

eines tages war es egal, dass martha jeden sonntag in die kirche.

eines tages schauten alle nur noch auf ihre nase. und lachten. zogen an ihrem langen schwarzen haar.

im zweiten großen krieg wurden das tal und die berge einem anderen reich zurückgeschenkt. dem sie einst gehört, als die vorfahren unseres volkes aus dem westen hierher. martha und meine großmutter hatten die sprache schon gekannt. diese eine sprache, die ganz anders als alle anderen, die auf unserem kontinent gesprochen.

von nun an nur noch diese sprache. selbst zuhause. alles war nur noch madjarisch.

als großmutters kleine schwester geboren wurde, durfte sie nicht erika heißen.

in ihrer geburtsurkunde steht der name ildikó. madjarisch der name, doch deutschen ursprungs. der priester, der den namen ausgesucht, hatte es nicht besser gewusst.

man wusste vom krieg. man spürte den krieg. doch die bomben fielen anderswo.

es waren nicht die schreie der kleinen erika, die meine großmutter geweckt. eines nachts. es war ein zug, der nachts in den bahnhof rollte.

meine großmutter stand am fenster und beobachtete die menschen aus marthas viertel auf der straße. mit koffern in der hand standen sie dort und stiegen in die braunen waggons.

meine großmutter erkannte martha. meine großmutter wollte ihr zurufen. schreien. auf die straße rennen. spürte plötzlich die hand ihrer mutter auf ihrer schulter. ein schütteln. dann im dunkeln die ohrfeige bis ins knochenmark. *willst sterben?* bis zum morgengrauen stand sie am fenster, bis sie den letzten viehwaggon mit den menschen, mit martha drin nicht mehr sehen konnte.

meine großmutter blätterte die seite um. sie verstummte. ich fragte sie mit meinen elf jahren wo martha hingefahren sei. ohne mich anzusehen sagte sie: *ins gas. und dann in den ofen.*

wanderungen. ich gebe den margeriten frisches wasser zu trinken. das wasser, das ich ins becken schütte, lässt mich würgen.
ich habe keinen appetit. spüre meinen magen sich selbst verdauen.
es klopft an der tür. es ist eine schwester, die mich in der sprache begrüßt, die meine eltern zuhause sprechen.
aus meinem mund höre ich das wort *cafea*, ihr mund antwortet lächelnd *bine*. wir nicken uns rumänisch zu. in den gängen riecht es nach alter: urin, kot und desinfektion. im aufzugsspiegel sehe ich meine dunklen augenringe, die mit mir vier stockwerke nach unten fahren.
die münze fällt in den schlitz und ein brauner becher fällt herunter. füllt sich mit milchschaum und dann mit einer art kaffee.
die bäume im garten tragen erste knospen. ein bus fährt vorbei und ich höre das erste zischen meiner zigarette nicht.
an der kreuzung vor mir flog großmutter einmal durch die luft. hatte sie mir erzählt.
sie war durch die luft geflogen, weil sie an der ampel bei rot und das blaue auto wie aus dem nichts. damals, als der eiserne vorhang noch zwischen uns.
kurz nach meiner geburt hatte meine großmutter einen brief bekommen. mit dem besuchte sie ihre schwester erika und wollte nicht mehr kommunistisch. blieb einfach in ihrem ursprungsmutterland. deutschland.

früher hatte ich mich immer gefragt, warum wir überhaupt in diesem land gelandet und nicht im land der berge, dem land am strome. woher die vorfahren.
woher doch der eine teil meiner minderheitenidentität. jene vorfahren, die von dort ausgewandert. wo das salz gut in kammern ruht.
die wanderung steckt in meinen knochen. die wanderung sieht man in meinem gesicht. die wanderung hört man in meiner sprache.
die vorfahrenwanderung. von der kaiserin nach osten geschickt, um sich dort zu vermehren, um das deutsche zu vermehren, die deutsche kultur. die eigentlich österreich. doch deutschsein war damals anders. und deutschsein bedeutete in meiner familie zweimal flucht.
meine lunge fühlt sich an, als ob ich alle zigaretten im betonaschenbecher alleine geraucht hätte. ich stecke den zigarettenstummel tief in den grauen sand.
die glastür sieht mich. sie lässt mich hinein. ich desinfiziere mir die hände und lächle einem alten mann im rollstuhl zu.

zu viel vergangenheit. es klingelt. jemand hebt ab. am telefon meine mutter.
sie fragt, ob es neuigkeiten. sie fragt, ob sie mich ablösen solle. ich sage ihr in unserer sprache nein.
sie sagt, sie würde am nachmittag kommen. in ihrer stimme liegt trauer. in ihrer sprache der schnaps. ich lege auf.
sie haben sich nie verstanden. ein miteinander reden wurde immer streit. zu viel vergangenheit. über die meine mutter niemals redet. nur in fetzen. in den fetzen höre ich

ihren schmerz. in der vergangenheit zu viel mutterliebe. die meiner mutter unerträglich.
die schwester macht hinter sich die türe zu. schiebt den wagen mit den schmutzigen laken vor sich her. lächelt sanft. sie merkt an meinem gesenkten blick, dass ich nicht reden möchte und hält den mund.
im zimmer riecht es nach frischer wäsche. der kleine körper immer noch am leben.
die adern auf ihrer hand schimmern fast violett durch die dünne haut.

flucht. schon einmal war sie hier. hatte sie erzählt. als mädchen schon war sie einmal in deutschland gewesen. das damals noch ein großes reich. viel größer noch als das königreich, in dem sie geboren. viel größer als das reich, aus dem die vorfahren gekommen.
hinter den bergen wurde marschiert. die bomben klangen wie donner als sie immer näher. als das reich zerfiel.
wie die kindheit meiner großmutter. im bahnhof rollten wieder züge. rollten viehwaggons im bahnhof ein.
die menschen aus dem heimatort waren feinde für die marschierenden soldaten hinter den bergen, die wie schafe dumm einem herdentier gefolgt waren. die es galt zu vergewaltigen und zu töten.
meine großmutter erinnerte sich an die worte ihrer mutter:
willst sterben?
vor den waggons tummelten sich jetzt die menschen unserer minderheit mit koffern in der hand. das deutsche wurde wegevakuiert.

mit jeweils einer schwester an der hand stand jetzt meine großmutter da und zögerte beim einsteigen. sie wolle nicht sterben, sagte sie. ihre mutter antwortete, dann solle sie gefälligst einsteigen zum teufel.
vier familien wurden in einen waggon gepfercht. die waggontür zugedroschen.
die kinder weinten. die erwachsenen weinten. die alten, die man nicht zurückgelassen hatte, weinten. zwei tage fuhren sie und wussten nicht wohin.
der zug hielt in einem gebiet, in dem die menschen bereits anfingen zu hassen, weil unser ursprungsmutterland sie besetzt hatte.
darum wurde nicht mehr deutsch gesprochen. alle sprachen in der sprache meines rumänischen großvaters jetzt.
erikas erstes wort war *mama*. ihr zweites wort war *foame*, hunger.
als der kontinent in schutt und asche lag und das große reich untergegangen, arbeitete meine großmutter auf dem feld. arbeitete für ein bisschen brot.
nach dem frieden keimte der hass.
die bäuerin erfuhr von der wahren herkunft, warf das brot in den dreck und spuckte. meiner großmutter ins gesicht.
man sehnte sich nach dem ort, aus dem man geflohen. unerträglich geworden war der hass in diesem gebiet nach dem krieg. so wurde der zug zurück bestiegen. im herzen die hoffnung, dass daheim der hass nicht ganz so groß. dass vielleicht alles wieder so wie früher.

ich genieße die stille im zimmer. in dieser stille das leise atmen meiner großmutter.
immer sagte sie: *wir sind deutsche. teitschi,* sagte sie.

im kopf der schnaps. es klopft zweimal kurz an der tür. sie öffnet sich. im türspalt der kopf meiner mutter. sie versucht zu flüstern, doch sie ist laut.

sie redet. schaut mir nicht in die augen dabei. ich spüre meinen kalten zeigefinger auf der lippe. mit ihrer hand winkt sie ab.

wir können reden, sagt sie.

wir sollen reden. solange man noch kann, soll man mit ihr reden.

die stille ist verschwunden.

für meine mutter ist der tod im raum nicht sichtbar. sie streichelt ihrer mutter über das weiße haar.

ich stehe am fenster und will nicht hinsehen. die worte meiner mutter sind nicht klar.

ich höre das schluchzen meiner mutter. mein herz zieht sich zusammen.

wenn mütter weinen, weinen die kinder mit. kinder möchten nicht, dass die mutter weint. in meiner kehle spüre ich tränen. ich will nicht weinen.

der schmerz meiner mutter bereitet mir schmerzen.

seit tagen versucht sie diesen schmerz zu ertränken. es gelingt ihr nicht.

mit jedem schluck wird der schmerz nur größer. das weiß ich. das spüre ich. das sehe ich.

ich atme lautlos durch, weil ich stark sein möchte. weil ich ein fels sein möchte. jetzt. in diesem moment ein fels sein. ich verabscheue meine mutter, wenn sie so ist.

und doch verstehe ich in diesem moment die leeren flaschen, die zuhause versteckt. und fühle mich hilflos. streichle meiner mutter den rücken, während sie die hände ihrer mutter in ihren händen. sie redet mit ihr. ich lasse die beiden allein.

im frühling die veränderung. der wind ist warm. er weht den rauch von meinem mund. der kaffee auf meiner zunge schmeckt nicht wie kaffee.
vor mir die kreuzung, wo meine großmutter einst durch die luft.
frage mich, ob sie damals schon existierte, als die bomben diese ganze stadt vernichtet.
als der urgroßvater das grundstück gekauft hinter der brücke über dem zweiten fluss der heimatstadt. nach dem krieg.
bevor wir ausgewandert, standen auf dem grundstück vier häuser. an den briefkästen vier verschiedene nachnamen. verschiedenen ursprungs. in den namen die wanderung.
die reiche, aus denen und in die gewandert, längst verschwunden. übrig nur noch republiken. sozialistisch war die, in der ich geboren.
in der wir mit den verschiedenen nachnamen alle gleich waren. das machte die partei. das machte die grenze.
aber die wurzeln sind nicht gleich. meine wurzeln sind weit verzweigt. meine wurzeln trinken aus verschiedenen erden. wenn mich jemand fragt, was ich denn nun sei, erzähle ich von den verzweigten wurzeln.
ich bin nicht wie der baum vor mir. aus dessen ästen bereits knospen sprießen. würde ich jetzt nach den wurzeln dieses baumes graben, könnte ich sie alle sehen. und alle wären sie hier in diesem einen land.
würden die menschen nach ihren wurzeln graben. nur ein wenig tiefer graben.
nur ein wenig. sie würden sehen, dass ihre wurzeln nicht allein nur in einem land. doch das verstehen sie nicht. zu weit in der vergangenheit liegen die wanderungen für

sie. sie sehen nur den stamm und die kleinen wurzeln an der oberfläche. von den tief liegenden wurzeln wollen sie nichts mehr wissen. nur die erde, aus der der stamm wächst, scheint ihnen wichtig. andere bäume in ihrer erde verabscheuen sie. obwohl der wald nur gesund, wenn er gemischt. ein wald nur gesund, wenn in ihm vielfalt. das hatte großmutter immer gesagt.

im gang höre ich schreie. die schreie meiner mutter. schluchzen. tränen.
ich fühle meinen körper nicht mehr. nur den schmerz.
die tür ist weit geöffnet.
das leben ging durch die tür. mit der großmutter an der hand.
auf der brust der kopf meiner mutter. auf der brust, die sich nicht mehr hebt. sich nicht mehr senkt.
plötzlich da der ewige schlaf. plötzlich da die liebe. die sich der jetzt tote körper immer gewünscht.

holz.

bloßfüßig liefen sie durch den morast der gassen, die im sommer staubig waren.
im winter mit klobigharten holzschuhen geschnitzt an kinderfüßen durch den schnee, der so hoch wie sie. zahlreich waren sie in den gassen, in den häusern. als versicherung. vorsorglich viele, denn die hälfte würde den zweiten winter nicht erleben.
die frauen trugen kopftuch und waren mit zwanzig jahren schon alt. an ihren schürzen zupften zwei kinder, zwei andere zankten im garten, eines saugte an der brust, während im bauch das nächste schon wuchs. ein einfaches leben. hart.

sie waren hierher gewandert, ausgewandert in diese wälder, in dieses tal, vor generationen. da lebte maria theresia noch. die kaiserin schenkte ihnen einen flecken land und das holz, das darauf, aus dem sie sich ihre häuser, ihre zimmer bauten in reihen am bach.
die männer waren oben im wald. die frauen unten auf den feldern im tal.

karl und margarethe gehörten zu den ersten, die hier geboren wurden. die beiden hatten sich verliebt, da stand sie, ein kind noch, bloßfüßig vor ihm auf der gasse.
als sie alt genug waren, um die fünfzehn sie, wollten sie vor dem traualtar einander die treue schwören, nur lagen da der thronfolger und seine frau erschossen weit weg von hier in sarajewo.

und der kaiser schrieb *an meine völker!* in allen sprachen der monarchie auch an der kirche am platzl im karpatendorf affichiert für alle gut zu lesen, die lesen konnten, *für die ehre, größe und macht des vaterlandes zu schwersten opfern immer bereit.*

so stand das dort, und nicht der karl und nicht die margarethe vor dem traualtar.
keine hochzeit, nur der erste kuss. da saß der nichtbräutigam auch schon mit den anderen deutschen burschen im zugwaggon.
die sangen lieder und waren sicher, sie würden den krieg gewinnen, den ersten großen.
von den einen bergen, den karpaten, ganz im osten, mit der dampflock südwestlich hin zum anderen rand der monarchie, in die alpen zur verteidigung.
inzwischen betete sie, margarethe, *mein lieber gott! mein herr im himmel!* mach, dass er ja auch mit allen gliedern noch dran zurück. und kniete vor dem leidenden jesus in der kirche jeden tag.

ein jahr verging. ein zweites dann. doch nichts mehr war von ihm gesehen. nichts gehört. nichts gelesen. kein einziger brief kam von der front, die dann verloren. wie der kaiser. wie der krieg. wie das ganze kaiserreich.
rosenkränze hatte sie gebetet, ungehört vom lieben gott dort oben im himmel.
wütend zog sie das schwarze gewand sich über den kopf und wollte nur noch so durch diese welt. von keinem anderen mann mehr angeschaut.

sein glück war die gefangenschaft. bevor sie krepierten, so lautete der befehl von oben, schießt lieber in die luft. und auf befehl hin versteckten sie sich hinter felsen, die ganze kompanie, und schossen in die luft. sie wollten nicht, sie würden nicht krepieren in den alpen.
es war mitten im krieg, in der mitte irgendwann, da hieß es plötzlich *lavorare*. arbeiten, nachdem italiener sie mit erhobenen händen aus dem wald geführt.
von nun an täglich holz fällen. eine lange zeit. aber er hatte überlebt. das zählte.

als dann die verträge ausgehandelt zwischen den neuen staaten, nationen wie man jetzt sagte, war er rumäne, weil das tal, in dem er geboren, nun in rumänien lag mit neuen grenzen. dorthin fuhr er zurück, jahre später, zu seiner liebsten und hoffte, dass kein anderer mann sie ihm genommen, seine margarethe.

da fiel der eisentopf ihr erst aus der hand und vor die füße, und dann die ganze schwarze gestalt zu boden in der küche. der totgeglaubte war wieder da.
ganz schnell standen sie vor dem traualtar, schnell bevor ein nächster krieg ihr glück zunichtemachen konnte.

sieben kinder bekamen sie. das erste ein joseph. dieser starb mit einem jahr.
der winter. die lungen zu schwach und entzündet. noch keine medizin dagegen.
es folgte bertha. dann anna. ein alois und ein ludwig.
wie die beiden mädchen weinten, als die zwei buben tot im kindersarg.

zehn war anna, als die schwester theres geboren. die kleine erika als letzte.
von sieben kindern blieben ihnen die vier mädchen. und je älter die kinder, umso älter sie selbst.

als waldarbeiter war karl wochenlang oben im wald, margarethe im tal bei den kindern und auf dem feld. jedes mal, wenn ein karren von oben mit einem toten herunterkam, war sie heilfroh, dass der tote nicht ihr mann.

einmal nur kam auch karl auf dem karren vom berg herab. und schrie vor schmerzen. der baum entschloss sich falsch und fiel auf die andere seite. der baum hatte ihm das schienbein zertrümmert.
die schmerzen hätten ihn beinah ins grab gebracht, mehr noch als die brüche, die am ende wieder sein glück gewesen. als die schmerzen verflogen waren und man ihm den gips abnahm, war das bein nicht ordentlich verwachsen und er untauglich für den zweiten großen krieg.

mit dem schienbein, dem kaputten, war er nun mit der ganzen familie oben im wald.
zum weichenstellen, damit die schienen die züge mit dem vielen holz auch in das richtige tal.
währenddessen wurde mittendrin in diesem krieg im fernen wien ein schiedsspruch gesprochen, der einen kleinen teil vereinte, der nach dem ersten krieg getrennt.

als das donnern der nahenden front dort über dem berg ganz deutlich schon zu spüren war, da packte karl seine

margarethe und die vier töchter und floh mit dem anderen
deutschen volksgut weg von hier.
hier alles verloren. im osten alles verloren.
und während alle fort aus dem karpatendorf, versperrten, vernagelten jene, die geblieben, die fenster und das
deutsch war vergessen in den häusern im tal. nur noch
ungarn oder ruthenen oder walachen zu finden im dorf.
alles deutsche fort oder stumm und taub.
da gingen die russen, sowjets, durch die gassen, durch-
kämmten das dorf täglich von haus zu haus. und fanden
doch noch versteckt den einen oder anderen vom kriegs-
schuldigen volk und verschleppten ihn nach sibirien.

zurück. *zuruck zuruck* war aus karls mund zu hören. genug
geflüchtet. *zuruck zahaus*.
trümmer überall. im dorf im tal die häuser entlang der
hauptstraße verbrannt, die brücken gesprengt. die häuser
geplündert. auch das eigene.

doch eine neue zeit war da. alle waren jetzt genossinnen
und genossen.
und anna feierte hochzeit im haus. fand sich als erste einen
walachen, einen gendarmen. die zweite, bertha einen deutschen, tatsächlich, der aus sibirien zurückgekehrt. dann
theres und erika. sie alle gebaren die nächste generation.
mehr buben nach dem krieg. ein einziges mädchen, auf
das die großeltern zufrieden und glücklich schauten.
karl und margarethe waren jetzt alt. hießen jetzt károl
bácsi und margit néni. so wurden sie von allen genannt.
hielten sich immer noch gern die hände, die knorrig wie
die wurzeln oben im holz.

feierten goldene hochzeit und bereiteten sich vor auf
den tod.
sie suchten sich einen schönen platz am friedhof, an der
hauptallee wollte sie unbedingt unter die erde, wenn es
an der zeit. und er willigte ein, kaufte auf zwanzig jahre
ein schönes grab.

jeden sonntag zur deutschen sonntagsmesse. sie konnte
nicht mehr. ihr herz, das schon zu schwach, ließ sie nicht
mehr aus dem haus.
die zwei jüngsten töchter saßen bei ihr am bett und beteten.
nach der messe läuteten die glocken. da trat die gemeinde
hinaus auf den vorplatz der kirche.
fer wem? für wen das totengeläut?, fragte er die menschen
um ihn herum. die schauten stumm. und dann sagte einer
tie margit néni, enger weib.
er hörte es, sein ohr hörte es ganz dumpf und er wankte, humpelte mit krummem schienbein und am stock so
schnell er nur konnte von der kirche heim zu seiner toten
frau. und kniete nieder und nahm ihre hände und weinte
und weinte und stand gar nicht mehr auf.

beinah täglich sah man ihn den berg hinauf und wieder
hinunter. den morastigen weg hinauf zu ihrem grab. das
herz war ihm schwer wie seine beine.
csókolom!, grüßte man und wenn er es gehört hatte, schaute er und lüftete den hut.
im frühling legte er ihr margeriten auf das grab. und probeweise sich dazu.
der tod der schüttelte nur mit dem kopf.

im sommer ging die jüngste tochter auf reisen in den westen und kam nicht wieder.

der herbst färbte die blätter bunt wie jedes jahr. und als der winter kam, da wurde er plötzlich wach und glücklich und lebensfroh. sprach vom reisen. dass auch er sich nach reisen sehnt.

eine kur für die lungen. die töchter halfen beim packen. backten kuchen, schmierten brote. standen an den gleisen und winkten ihrem vater zu.

und als kein anruf von ihm kam von der kur, sagte eine frauenstimme in der leitung, ein karl sei niemals angekommen dort.

theres zog sich schnell den mantel und die schuhe über. nahm die beine in die hand, stapfte durch den schnee, der schon hoch. den weg hinauf zum muttergrab.

rief die ganze gasse, ihre schwestern mit. alle zum friedhof hinauf.

das tor war weit offen. und fußspuren auf der hauptallee im schnee zeigten den weg. dort fanden sie ihn liegen ganz von schnee bedeckt.

lasst mich sterben! einfach liegen! liegen lassen, verflucht nochmal!

doch sie brachten ihn ins tal ins haus. sie trugen. sie zwangen ihn ins tal. er sollte noch ein wenig leben.

so verging der winter. der schnee schmolz und oben auf dem friedhof konnte man die kreuze wieder sehen. und ihn dort oben täglich zwischen den gräbern.

man grüßte ihn freundlich, er grüßte nicht mehr zurück. und abends, wenn alle gegangen waren, legte er sich selbst neben die blumen zu seiner toten frau.

jeden tag. und jeden abend musste ihn jemand vom grab hinunter zurück in seine stube tragen.

es dämmerte schon, als sich theres mal wieder auf den weg hinauf zum grab zum probetoten vater machte.
sie verfluchte die lästige routine schon und einen augenblick lang dachte sie, was wäre, wenn er wirklich endlich neben der mutter unten im grab. erschrak vom eigenen schlechten gedanken und berührte dreimal hintereinander schnell die lippen mit der hand und schlug drei kreuze über der brust und sich den gedanken fort.

am grab fand sie die margeriten wieder. aber es lag kein vater dort daneben. man sah die tochter zwischen den gräbern suchen, irren.
alle holte sie jetzt unten aus dem tal. vergeblich riefen sie. vergeblich liefen sie auch durch die wälder. durch das holz. der vater war fort.

schwarzer schnee.

der mund die sprache nicht vergessen. der priester hat aufgehört zu sprechen. sein letztes wort amen wiederholt mein mund. mein kopf wundert sich, dass da überhaupt ein priester. meine augen sehen ihn, doch mein kopf versteht nicht, weshalb er hier.
mein kopf ist nicht bei mir. um mich herum gefrieren keine tränen.
in schmerzverzerrten gesichtern schmelzen schneeflocken auf kalten wangen.
morsches holz wird von vier männern unter dem sarg weggezogen. der jetzt in ihren händen an zwei seilen über dem grab hängt. niemand singt.
die predigt war anders, denkt mein kopf. kurz. ganz kurz. sie muss anders. du warst schon auf so vielen beerdigungen. erinnert mich der kopf.
schon als kind. auf diesem friedhof deine erste erinnerung. dieses panorama. diese berge. in der erinnerung, der ersten, saftig grün.
als kind an der hand der tante, bevor der großvater, den du kaum gekannt, unter die erde. die vielen blumen bunt auf gräbern aus grauem beton.
ein spaziergang. damals im mai.
die augen sehen in der ferne weiß. es ist november, dezember vielleicht schon.
der kopf weiß gerade nicht ganz genau welcher monat, welcher tag.
und der ersten erinnerung, der ersten beerdigung folgten viele.

hier in den bergen wird mehr gestorben, denkt der kopf vor dem panorama. weil der tod immer jemanden von hier mitgenommen.
immer brannte bei der großmutter oder der mutter eine kerze. immer war jemand gestorben jemand von hier. dann wurde die mutter besonders traurig. und mit den tränen floss auch versteckt der schnaps.
niemand hatte in der kapelle geweint. der sarg war ohne trauerzug zum grab getragen worden. heimlich. ohne die glocken der kapelle. auch in der stadt schwieg die kirchenglocke.
ich erschrak vor der leeren kapelle. stapfte erschrocken an den verschneiten gräbern der urgroßeltern vorbei. am verschneiten grab des großvaters, den ich kaum gekannt. am grab der großmutter, die ich noch weniger gekannt.
in der ferne schließlich im schnee das schwarz. die trauer. schwarze gestalten, die klagen ohne gesang.
bei solchen beerdigungen singt man nicht. solche beerdigungen finden heimlich statt. zu solchen beerdigungen ging man nicht. schande. höre ich in meinem ohr.
schånt die stimme der großmutter in meinem ohr.
solch einen tod muss jede familie mit sich allein und mit gott im privaten ausmachen.
in unserer familie hatte es nie eine solche schande gegeben. sagte einst die großmutter. *niemols nit*.
es hätte sie aber geben können. denkt mein kopf. es hätte sie geben können durch mich. wären wir in diesen bergen geblieben, würde ich jetzt dort unten liegen, denkt er sich. am rand des friedhofs. weit weg von den anderen gräbern, in denen der tod christlicher.
die männer heben die seile aus dem grab.

anders als der strick. denkt der kopf.
anders als der strick um den hals des toten, der vor mir dort unten im sarg.
der tagelang im alten haus gehangen. neben ihm lag der stuhl aus holz.
am tisch die zwei liter plastikflasche leer. den mut hat er aus der flasche getrunken. den klaren scharf riechenden mut, der aus der brennenden kehle kommt.
in meinen knochen steckt die routine des todes. die routine des todes zieht mir die handschuhe aus. meine hand fühlt den klumpen kalt.
im ohr ein dumpfer schlag. ein dumpfes klopfen. das immer mehr, immer lauter. weil noch mehr hände harte klumpen fallen lassen auf den sarg.
meine füße gehen weg vom grab. drei schwarze gestalten stehen zwischen den gräbern.
auf dem betonsockel steht ein kuchen. neben dem kuchen vier flaschen mit klarem wasser, das kein wasser ist.
in meinen ohren klingt das wort *pomană*.
meine ohren hören die stimme aus meinem mund rumänisch sprechen.
meine kehle spürt den schnaps, der sich hinunter zum magen brennt. der erst ganz warm und dann heiß. ich bedanke mich. die sprache ist noch da. *țuica*.
ich nehme mir noch ein schnapsglas vom tablett der alten, die ohne zähne im mund ein wenig lächelt. mit trauer in den augen mitleidig lächelt.
das zweite glas brennt nicht so stark wie das erste. das zweite glas aber benebelt den kopf.
mein kopf ist wirr. mein kopf vermischt die sprachen. *acasă*. zuhause. *otthon*. *itthon*. das hierzuhause dortzu-

hause. meine hand nimmt sich das dritte glas. die hand hat den kopf benebelt. der jetzt an das wort heimat. der magen zieht sich zusammen. der heimatschnaps tut ihm nicht gut. der heimatschnaps macht im bauch und in der brust gefühle. und das weiße bergpanorama macht die beine steif.
das herz schwebt vor mir in der luft. zwischen mir und den bergen. heimatkitsch.
meine beine wollen nicht gehen. die augen wollen noch bleiben. noch alles sehen. sehen das weiß der berge. das schwarz der menschen. so bleibt der ganze körper. frierend. stehen. doch im inneren ist er warm. vom schlechten schnaps. mir wird schlecht.

    die zigarette zischt, ich spüre den rauch meine lunge füllen. mein blick fällt auf einen mann. der ein wenig abseits von allen. ich höre eine stimme meinen namen rufen. und erkenne im rauch der zigarette ein gesicht, das ich schon lange kenne. ein gesicht, das in meinem kopf in der erinnerung noch jung.
im rauch vor mir um jahrzehnte gealtert.
jetzt steht dies alte gesicht vor mir und sagt meinen namen. emil.
ich erwidere mit einem lächeln, das nicht lächelt *tanti doina!*
fühle meinen körper sich kalt gegen ihren pressen. höre fragen, auf die ich mit rumänischen worten antworte, die mir mit deutschem akzent aus dem mund fallen.
die frau nimmt ein schnapsglas vom grab und schüttet es auf den boden. für die toten, sagt sie. *morții.*

und mein kopf erinnert mich an meine großmutter, die für
den toten großvater schnaps auf ihren roten perserteppich
schüttet. der suff ist nicht nur für die lebenden.
im tod noch muss dich der suff.
dieses gealterte gesicht ist die mutter des toten. ihr mund
lädt mich lallend ein. ich nehme die einladung an und
weiß nicht warum.
der schnaps redet gerade mit meiner zunge, nicht ich. der
schnaps redet auch aus ihrem mund. schon als kind hatte
ich es immer gerochen. als ich noch mit ihm gespielt. als
er lebendig. auf dem kreuz steht daniel.
spüre plötzlich die unruhe. den aufbruch der schwarzen
gestalten, mit denen ich nicht reden möchte. ich verab-
schiede mich von der totenmutter.
stolpere beinahe im schnee. fühle mich torkeln. fühle mich
eigentlich gar nicht mehr.
meine ohren hören den schnee unter meinen füßen knacken.
ich konnte den mann nicht mehr sehen. unter den anderen
schwarzen gestalten.
stapfe den weiten weg vom grab. der schnaps in meinem
bauch wird zu wut.
auf einmal ist da wut in meinem bauch. auf einmal spüre
ich einen knoten im hals.
tränen auf den wangen. ziehe meine schultern fester gegen den hals.
konzentriere mich auf den boden. auf meine füße, die sich
durch den schnee.
das schwarze gittertor öffnet sich. seine hand berührt das
eisenkreuz dabei.
so schwarz gekleidet elegant stand er schon am grab.
unbekannt. wohl allen. schwieg. und war fort.

ich spüre mein herz wild schlagen. werfe einen blick nach hinten.

in seinem blick erkenne ich, er kennt mich.

das grüne gassentor aus eisen. der friedhof ist auf einem hügel. die toten wachen von oben über die stadt. ich wünsche mir einen schlitten zum hinunterrutschen. wie früher. laufe auf hartem schnee. darunter kein asphalt. die straße, die sonst braun und voller schlaglöcher liegt weiß und eben vor mir.

ich möchte nicht den menschen vom grab begegnen. ich weiß, dass ich sie bald im rücken. den tratsch. den klatsch. der auch vor grenzen nicht halt. der es sogar durch den eisernen vorhang hindurch geschafft. damals.

der ort mag jetzt vielleicht eine stadt sein, die menschen leben noch immer im dorf.

jeder kennt jeden. auch wenn du nur kind. bist du ein wessen. so wirst du gefragt. und die leute kennen deine mutter. deinen vater in diesem großen dorf.

ich merke, die gedanken gehören langsam wieder mir. die gedanken kommen aus mir selbst. mein kopf hört langsam auf ohne mich zu denken.

nach dem steilen weg zum friedhof kommt die straße. danach noch ein hang nach unten. auf meinen lippen liegt leise das wort *pergl*. auch hier sind wir im winter gerutscht. das buffet hat schon vor jahren, vielleicht jahrzehnten zugemacht. die geschwungenen gitter vor der tür wurden lange schon nicht mehr geöffnet. es sitzen keine besoffenen mehr auf der terrasse des buffets. die *alimentara*, vor der oma immer schlange stand, vor der die ganze straße

immer schlange stand, gibt es auch nicht mehr.
nur noch ein kleines geschäft, vor der niemand mehr
schlange steht, weil es jetzt ja alles gibt.
unten auf der straße sehe ich einen mann mit schwarzer schafwollmütze. er sieht aus wie mein großvater. ich
wundere mich, warum die straße nach linden benannt ist,
obwohl keine einzige linde dort steht. nur kleine häuser,
die dicht aneinander gereiht. in reihen stehen sie. darum
ist das viertel so benannt.
ganz langsam versuche ich nicht auszurutschen. seitlich
und mit vorsichtigen schritten schaffe ich es den kleinen
berg hinunter.
kurze wolken aus meinem mund. ein paar mal rutsche ich.
und fluche dabei leise. mutterfotze, sage ich auf rumänisch.
und stehe endlich auf ebener straße. die ich auch nur
vorsichtig entlang wegen dem vereisten schnee.
der alte mann hebt kurz seine mütze und grüßt kaum
verständlich. versucht den kleinen berg hinauf und flucht.
lauter als ich. auch aus seinem mund die mutterfotze.
aber ungarisch.
vor einem haus steht ein traktor. unter dem traktor ist der
schnee schwarz.
die alten kleinen häuser haben isolierte fenster. manche
einen zubau. manche häuser, in denen ich früher einmal
gespielt, stehen gar nicht mehr. viele innenhöfe leer. in
manchen bellen frierende hunde. neues mauerwerk steht
rot hinter den alten häusern versteckt. die zeit ist hier
nicht stehen geblieben wie ich mir das gewünscht. es geht
weiter. immer weiter. die veränderung. denke ich.
meine füße bleiben stehen. vor seinem alten haus. das
gräulich blau.

die farbe auf dem holz der veranda ist welk. blättert ab.
hinter dem haus der schuppen. wo sie ihn gefunden.
neben dem verschlossenen morschen tor steht ein dicker
betonpfahl. an einigen stellen ist er hohl. hier haben wir
im spiel verkauft. daniel und ich.
wir hatten eine bäckerei und verkauften große steine, die
der bach ganz rund gemacht.
meine haare gehen entlang der stromkabel, die sich in der
luft von einem mast zum anderen schlängeln. aber meine
haare sind unter einer mütze versteckt. also geht mein kopf.
und bleibt erst vor dem alten haus meiner großmutter
stehen. mit ihren eigenen händen hatte sie das haus gebaut, so sagte sie immer. und hatte dafür das dritte kind
weggemacht.
vor dem haus hat sie eine kleine mauer gebaut. bis zum
knie. bis zur höhe der fenster zwischen den betonpfosten
einen zaun aus grünen holzlatten.
das grün ist welk und blättert ab.
neben dem grünen eisentor steht das auto, mit dem ich hier
ankam und danach direkt zu fuß zur beerdigung ging. ich
frage mich und nehme den teufel in den mund, wie ich nur
ohne gegen eine mauer zu rutschen hier heil angekommen.
der tod ist mir schon bei der herfahrt begegnet. lag mitten
auf der straße.
kaum über die letzte grenze und durch die stadt staute es
sich. dort sah ich ihn liegen. frauenstiefel lagen da. eine
schlanke gestalt, verhüllt mit einer karierten decke. aus
reflex und aberglauben schlug ich mir dreimal auf den mund.

    ich sperre die grüne tür des gassentors auf und
stemme mich dagegen. schiebe den schnee weg. der hoch

im innenhof liegt. im stromkasten lege ich den schalter um. sperre die weiße tür zum haus auf. muss den schlüssel ein wenig krumm ins schloss.

im haus riecht es nach kälte und naphtalin. mottenkugeln, die in perserteppichrollen.

motten mögen den geruch nicht, meine nase hingegen sehr. weil sie den geruch so gut kennt.

die wände sind kalt. ich sehe meinen atem.

auf dem fernseher staub. ich war ein kleiner mensch, der noch gar kein mensch. war die zukunft des kommunismus, doch noch kein pionier.

ich trug noch keine blaue uniform. den kindergarten sah ich nicht oft. für den kindergarten waren meine augen zu müde und das bett zu warm.

mein kindergarten war hinter unserem haus. mein kindergarten war unser garten. die kindergärtnerin meine großmutter.

morgens schlief ich weiter, als mein vater aufstand, um in die arbeit zu gehen.

erst als der warme körper meiner mutter mich in der früh meistens noch im dunkeln verließ, kamen die tränen. kam das brüllen des verlassenen kindes. am grünen gassentor. kinder brauchen rituale. das war meines.

danach wachte ich im bett meiner großeltern auf und bekam mein frühstück. alles musste aufgegessen werden, sonst hätte mir ceaușescu meine eltern weggenommen.

eines tages im sommer blinzelte ich den schlaf weg und sah den fernseher meiner großeltern im fenster stehen. in der küche roch es süß. oma machte *kolatschen*, einen mit mohn und einen mit nuss. im inneren gerollt wie schnecken quollen sie nebeneinander goldbraun im ofen.

ota rührte in einer pfanne fünf eier. an seinen händen klebte *brânza*. ich war so hoch wie der stuhl, auf den ich mich setzte, um die rühreier zu essen.

ich fragte meinen großvater, warum der *televizor* im *geam* stünde. und mein großvater antwortete wegen dem *meci*. enttäuscht biss ich in meine scheibe weißbrot. mir wäre ein *spectacol* mit der berühmten corina chiriac viel lieber. oder ein film über die alten rumänischen helden.

oma war gerade bei der wettervorhersage. anna nénis knie wusste immer, ob es regnen wird oder nicht. und joska bácsi hatte immer ein paar flaschen *pálinka* im keller.

oma kam gerade ganz aufgeregt mit zwei flaschen in die küche und schaute nach ihrem hefegebäck im ofen.

ota nahm den schnaps und probierte ihn, verzerrte dabei sein gesicht und sagte trotzdem *bun*.

ich hatte aufgegessen und ging in den garten.

die hühner gackerten. die küken piepsten in ihrem kleinen laufstall. ein hahn sah mich misstrauisch an, als ich meine kleinen finger durch das gitter über ihnen stecken wollte. ich war größer als er und hatte hände. also warf ich einen kleinen stein nach ihm.

die schweine grunzten in ihrem stall. auch sie bekamen ihren guten morgen von mir. vorsichtig streichelte ich die borstigen köpfe. sie begrüßten mich mit ihren feuchten schnauzen. die bald in sülze eingelegt im teller des großvaters.

der hof war sauber gefegt. ich war gestriegelt. draußen vor dem fenster saß die nachbarschaft auf stühlen. auf tabletts in der küche lagen die fertigen kolatschen in schneckenscheiben. oma stand am herd und formte aus hackfleisch kleine bällchen. die sie in die laute pfanne warf. das spritzende öl auf der schürze machte meiner großmutter nichts aus.

es klopfte an der küchentür und roza néni legte eine schüssel *salate de boeuf* auf den tisch neben das weißbrot. eine scheibe davon war in meiner hand. ich grüßte brav mit *csókolom* und vollem mund.

plötzlich fing der fernseher an zu sprechen. aus dem flimmern wurde draußen ein bild. schwarzweiß.

aus langeweile stand ich vom canapé in der küche auf. im hof hörte ich kinderschritte. und umarmte daniel. wir rannten um die erwachsenen herum. die schauten gebannt in den *televizor* und jubelten. uns zwei jungs ließ das fußballspiel völlig kalt.

im haus meiner großmutter ist kein leben mehr. nur kälte. der fernseher steht nicht mehr im fenster. der fernseher steht in der küche neben dem kachelofen. der fernseher ist nur noch schwarz. das weiß für immer weg. auf dem fernseher liegt staub. im schuppen sammle ich holzscheite aus vergangenen zeiten. gestapelt und voller spinnweben riechen sie nach vergangenheit.

schneemann. glühende asche fällt durch das gitter im kachelofen. ich schaue dem feuer beim brennen zu. mein gesicht wird warm. wie bald die braunen kacheln. ich schließe die obere tür mit dem feuer. die untere tür mit der asche lass ich einen spalt weit geöffnet. ein lauter zug weg durch den kachelkörper.

ich hatte nicht vergessen den *schuber* zu ziehen. ja nicht den schuber vergessen. sonst steht der rauch im ganzen haus. steht der rauch im ganzen haus, bist du schnell tot. höre ich die stimme meiner großmutter im ohr.

ich ziehe rauch in meine lunge und blase ihn aus dem offenen fenster. ich kann den schnee hören. höre ihn knarzen mit jedem schritt, der am fenster vorbeigeht.

hinter dem vorhang bin ich unsichtbar. das offene fenster sieht aber jeder.

und jeder sieht, dass da jemand da im alten haus. das fenster und das auto sind meine verräter.

ich möchte von keinem gesehen werden. möchte mit niemandem sprechen hier.

im hof sperre ich die gassentür zu. bis der schlüssel im schloss sich nicht mehr drehen lässt. ich setze mich auf die treppe. am himmel hängt noch der tag.

erst wenn der tag nicht mehr am himmel, werde ich die sachen aus dem auto. erst wenn der himmel rötlich sein wird. erst dann. ich lasse die zigarette zischen im schnee.

mein magen knurrt. er ist nicht mehr vom schnaps betäubt. ich fluche. muss zwangsläufig das haus verlassen. ich ziehe den vorhang mit einem ruck auf, schließe das fenster und ziehe den vorhang wieder zu.

ich sehe gegenüber einen mann stehen. er trägt einen schwarzen mantel und ich habe ihn heute schon einmal gesehen. am friedhof. vor dem tor.

mein herz bleibt kurz stehen. dann versucht es mir aus der brust zu springen und möchte so schnell wie möglich weglaufen.

ich merke wie plötzlich unter den achseln schweiß aus den poren. mein rücken wird nass. meine beine wollen weglaufen wie mein herz.
habe ich das tor abgesperrt? was will er?
bloß weg vom fenster. unsichtbar sein. nicht hier sein.
ich sehe den mann mich verprügeln. sehe den mann mich würgen. sehe den mann mich erschießen. alles in meinem kopf.
ich muss würgen. habe plötzlich todesangst.
mein körper ist stocksteif. meine augen starren durch den vorhang auf den mann.
er zündet sich eine zigarette an.
ich beobachte ihn beim rauchen. bis zu seinem letzten zug. sehe wie er plötzlich einen schritt. dann noch einen. und noch einen.
höre seine dumpfen schritte im schnee in meinem kopf pochen, obwohl meine ohren sie nicht hören.
ich gehe durch das zimmer, durch den gang zur eingangstür und öffne sie ganz vorsichtig. was ich höre, ist die klinke der grünen gassentür, die gedrückt wird.
ich weiß, ich habe zugesperrt. mein kopf sagt mir, ich habe zugesperrt. die tur offnet sich nicht. nur die klinke bewegt sich. ich bin nicht zuhause.
meine augen fixieren den schnee. der hoch im innenhof. so hohen schnee haben meine augen in diesem hof lange nicht mehr gesehen. weihnachten lag kein schnee. damals. jenes weihnachten war mild.
nur matsch und schlamm auf der ungepflasterten gasse. ein milder wind, der uns in den westen wehte.
den winter habe ich nie wieder in diesem land erlebt. nur den sommer. herbstlich manchmal schon. schneemänner kenne ich nur noch aus kindertagen.

dieser schneemann vor dem fenster in seinem schwarzen mantel macht mir angst.
in der ecke steht eine schaufel.
ich stemme sie zwischen treppenabsatz und tür. eine waffe. im notfall eine waffe.

    weihnachten wollten wir eigentlich nicht mehr in diesem zugrunde gehenden land. wollten längst schon ganz woanders sein. wir lebten nicht in elend und wollten trotzdem weg.
das richtige elend war woanders. das richtige elend war nicht bei uns.
wir hatten alles. auch bananen.
unsere bananen waren grün. kamen in großen kisten und lagen auf dem schrank, bis sie gelb waren.
dort versteckt war auch die chinesische schokolade. die sich meine schwester und ich immer heimlich untereinander aufteilten, noch bevor wir sie geschenkt bekamen.
ich kannte keinen hunger. unser kühlschrank war immer voll mit fleisch und wurst, von der mutter vom schlachthof mitgebracht mit viel herzklopfen in der brust.
die armut war bei den nachbarn mit den vielen kindern.
wir hatten geld. nur konnten wir uns nichts kaufen, weil es nichts zu kaufen gab.
kaffee war eine gute währung, aber auch ein gutes schmiergeld. zigaretten auch. nur diese währung rauchte der großvater gerne weg.
ich tauschte spielzeugautos gegen puppen. manchmal übernahm auch meine schwester das tauschgeschäft für mich. weil jungs hier nicht mit puppen spielen.
die schönsten puppen brachte sie von rosemarie. aber als

wir von rosemarie einmal läuse mit nach hause brachten, durften wir nichts mehr mit ihr tauschen.

das schlangestehen übernahm oma. die hatte sonst nichts zu tun außer putzen und kochen. dann musste ota der kindergärtner sein für die zwei stunden. oder den halben tag. man wusste nie so genau.

nachmittags tanzte die großmutter im hof und sang ungarische lieder hinten im garten. sang ihr herz sei ein garten voller blumen und verfluchte die hühner.

wenn sich zwei *kokoschn* um die hühner stritten, landete einer am sonntag im suppentopf.

oma machte immer kurzen prozess. kurz musste der prozess sein. nicht um das tier mit der roten krone auf dem kopf schnell zu erlösen. sondern um uns schneller essen auf den tisch zu stellen.

es ist nicht nacht. nur dunkel. meine uhr zeigt abend. ich öffne meine augen und vergesse für einen moment, wo ich bin. die kratzige wolldecke auf mir erinnert mich. mein rücken und mein nacken ebenso. sie sind verspannt.

der schmerz erinnert mich daran, dass ich noch lebe. dass die schaufel noch dort an ihrem platz zwischen stufe und tür.

ich gehe zum fenster und sehe im laternenlicht nur den schnee und das braun gestrichene tor der nachbarn.

der schneemann ist verschwunden. im kachelofen das feuer erloschen. im schrank sind alte zeitschriften. ich reiße seiten aus.

ins 40ste jahr unserer freiheit. leuchtender tag des 23. august!
die schmalzlocke unseres ehemaligen führers liegt vor

mir. die große nase der größten wissenschaftlerin des landes umrahmt von den rumänischen farben rot, gelb, blau daneben. sie brennen gut, die locke und die nase. und werden zu asche.
ich schließe die klappe und warte auf den luftzug durch den schornstein. es knistert.

    der morgen ist grausam. das zimmer riecht nach rauch. durch den spalt einer gesprungenen kachel entwich er zart und unsichtbar. gerade so, dass ich nicht an einer rauchvergiftung gestorben bin. ich lebe noch. der morgen bringt neuen mut.
ich lasse kalte morgenluft ins zimmer und komme mir plötzlich vor dem offenen fenster fürchterlich dumm vor, die ganze nacht im dunkeln verbracht zu haben. schlaflos. wie ein kleines kind wartete ich kauernd auf den tag. die hunde bellten.
die gasse ist menschenleer. die rauchenden schornsteine verraten sie. ich sperre die gassentür hinter mir zu. beschließe die einladung anzunehmen. hunger und zorn treiben mich zu ihr. in meinem kopf gehe ich durch, was ich ihr vorwerfen werde.
im kopf male ich mir aus, wie ich ihr schnaps ins gesicht schütte. wie ich ihr alles erzähle.
wie sie weint. wie sie schluchzt. weil ich die ganze wahrheit gesagt.
mich zieht es wieder zu dem haus. in dem der tod eingegangen und das leben aus der gassentür mit daniel verschwand.
ich werde alles sagen. das bin ich ihm schuldig. dass es normal. dass daniel trotzdem ein mensch. auch ich. normal.

eine pferdekutsche fährt die straße entlang. das arme pferd ganz abgemagert. die zeit blieb trotzdem nicht stehen hier.
die theke im kleinen geschäft ist voller fleisch. die regale voll. ein ganzes regal verschiedene dosen leberwurst. verschiedene sorten weißbrot.
mein magen knurrt. ich nehme einen brotlaib geschnitten und in plastik verpackt in die hand.
die verkäuferin fragt, ob sie helfen. eine schachtel zigaretten von den blauen, kurz nicht lang bitte. die zigarettenfilter sind weiß.
die verkäuferin legt zwei kaugummis auf die waage und entschuldigt sich, kein anderes wechselgeld mehr zu haben. ich bedanke mich und gehe in richtung markt.
im sommer türmen sich hier die wassermelonen. jetzt im winter gibt es hier fast nichts. es ist auch nicht freitag. markt ist nur am freitag. am freitag gibt es alles.
dann stehen sie da mit den rumänischen tüchern aus der turkei. dem vielen plastik. verkaufen kassetten mit *manele*. einen kurzen moment überlege ich, ob ich nicht doch bis freitag bleibe.
der bach unter der brucke ist vereist. er sieht immer anders aus. auf der rechten seite hat er eine insel gebildet. er trägt einen deutschen namen. ganz klar und leise fließt er in den rumänischen bach in richtung ukraine.
gemeinsam fließen sie nach ungarn in die donau und münden so ins schwarze meer.
die balustraden der brücke sind nicht mehr aus kommunistischem beton.
rot weiß rot gestrichenes eisen. wie die fahne vor der deutschen schule.
neben ihr weht es schwarz rot gold.

ich gehe den hügel hinauf, in der kurve ist der eingang zum park, durch den ich laufe.
der park will die kinder patriotismus lehren. karussel, rutsche und schaukel gestrichen in blau gelb rot. der schnee versucht es beschämt zu verhüllen. der schnee fällt überall weiß vom himmel.

doina. kein einziger briefkasten gleicht dem anderen. braunes eisen mit schloss neben hellem holz mit schlüsselloch. graues metall mit drei löchern. zwischendrin schweben briefe in der luft, weil ihr ankunftsort ohne tür. ich stehe im zartrosa gestrichenen treppenhaus des blocks C. ein einziges mal war ich hier.
daniels vater hatte da die familie verlassen. *er ist sich in die welt gegangen*, hörte ich die alte frau sagen. es war sommer. vor der kirche stand sie in einer traube von frauen mit weißen dauerwellen. sie sagte es süffisant, jedoch mit trauer in der stimme. fauchte *unnitziges elend* dabei und meinte ihre schwiegertochter. die nichts mehr dort im haus zu suchen hatte. zum glück hatten ausgewanderte auch im block gewohnt. zu doinas glück wollten sie die wohnungen schnell und billig loswerden.

ich zögere, die klinke nach unten zu drücken. niemand hatte mich erkannt. auf den straßen dieser kleinen stadt bin ich nur der sohn von. doch meine eltern sind nicht da. darum werde ich nicht als deren kind erkannt. weil das kind jetzt ein erwachsener mann.
ich möchte umdrehen und wieder gehen. höre eine laute stimme hinter der tür.

ein kurzes zucken in den beinen. doch meine füße bleiben stehen. wollen sich nicht bewegen. denken an daniel und erinnern mich daran, dass ich es ihm schulde. die wahrheit. sie alle sollen ersticken daran.

ich drücke die klinke nach unten, öffne die tür, die nicht verschlossen.

rufe *tanti doina!* und höre ein husten. höre den schleim in ihren lungen, ihrer kehle. meine füße schlüpfen aus den stiefeln. ich werde angeschrien. ich solle sie um gottes willen anbehalten!

im türrahmen der küche steht die mutter des toten.

und wirft mir ganz in schwarz verkleidet einen bösen blick zu, als ich die stiefel doch ausziehe. ein rebellischer akt. mein erster rebellischer akt. den lasse ich mir nicht nehmen. sie kommt auf mich zu. meine rechte wange wird feucht. meine linke wange wird feucht. die küsse riechen nach abgestandenem schnaps.

sie bittet mich herein und mir fällt ihr schwerer gang auf. denke der strick war schneller als die zirrhose.

der rauch steht in der luft trotz des offenen fensters. neben der spüle stapeln sich die teller ihres guten services mit dem grünen rand. das gold, das einst um das grün ist längst verwaschen. über die jahre hinweg im abfluss verschwunden. wie ihre würde.

vor kurzem soll sie sich in die besinnungslosigkeit gesoffen haben, bis ihr der schnaps von ganz alleine warm in die hose rann. sie lag am boden. um sie herum gelächter von jenen, die mit ihr tranken.

auf dem herd stehen töpfe. im roten topf mit weißen punkten rote würste im eigenen fett. daneben ein großer topf, unter dem sie eine flamme entfacht.

die flamme bedeutet, ich muss essen. tanti doina befiehlt mir, krautwickel zu essen. sie entfacht die zweite flamme. es ist zehn uhr morgens. mein frühstück also in kraut gewickeltes hackfleisch und würste.
ich protestiere. und resigniere. sie spült schon einen teller für mich.
ce bei? was ich trinke, fragt sie und holt ein glas aus dem regal über der spüle. stellt es auf den tisch, noch bevor ich *cafea* sagen kann.
mein blick folgt ihrer hand und fällt auf die andere frau in der küche, die auf der eckbank sitzt.
ich erschrecke, weil mein kopf noch ganz benebelt und überfordert von der alten.
ich grüße. perplex. sie lacht. die witwe. daniels frau. elena.
zu verwirrt, um wütend zu sein, trifft mich die furcht auf einmal wie der schlag. mit ihr hatte ich nicht gerechnet.
ihr bein ist auf die bank gestützt. sie präsentiert den nackten schenkel.
der dunkelgrüne morgenmantel bedeckt ihn nicht.
hässlich bist du, denke ich und sage nichts. ihre glatten schwarzen haare setzen weit oben an. ihre stirn ist ihr halbes gesicht. hässlich denke ich und noch mehr hässliche worte schweben hinter der stirn, die jedoch nicht auf meine zunge.
sie nimmt die weiße zigarettenpackung, die vor ihr liegt. zündet sich mit einem streichholz die weiße lange zigarette an. wirft die dünne schachtel auf den tisch. bietet mir einen sitzplatz an. ich setze mich so weit weg wie in dieser kleinen küche nur möglich.
ich möchte nicht freundlich sein. bin freundlich.

auf meinen lippen beileid. zum tod ihres mannes. in ihren augen keine trauer. erkenne ein kleines lächeln. ein unterdrücktes lachen.

was soll man machen? er war krank. höre ich sie auf rumänisch sagen. *anormal.*

ich spüre wut in meinem bauch. doch sie will mir nicht auf die lippen. sie bleibt im bauch.

die mutter stimmt jetzt ein. wiederholt das wort krank. anormal.

und zündet sich eine zigarette an. stellt jetzt ein volles schnapsglas vor mich auf den tisch. die mutterstimme befiehlt mir trink!

ich trinke. auf den toten. auf die gesundheit.

ich fürchte mich vor einer frage, die sie sicher stellen wird. doch dieses mal werde ich nicht antworten wie die vielen anderen male, wenn sie mir diese frage stellte.

dieses mal werde ich nicht mehr lügen. nicht mehr stammeln.

der schnaps vermischt sich mit der wut im bauch.

im kopf schwirren jetzt die vielen worte für schlampe in meinem kopf, als sie ihre zigarette im aschenbecher ausdrückt.

im topf verflüssigt sich das fett der würste. das wasser der krautwickel beginnt zu brodeln.

ich zünde mir eine zigarette an. will schreien. es bleibt still. tanti doina steht am herd und fragt in die krautwickel, bis wann ich bliebe. wann ich fahre. so schnell wie nur möglich wieder hier weg, denke ich. sage morgen.

numai?

ich antworte, ich hätte viel zu tun.

warum ich denn nicht weihnachten hier verbringen würde, fragt elena.

mein letztes weihnachten verbrachte ich 1989 in diesem kaff.
ich feiere mit der familie in deutschland.
wir beginnen ein belangloses gespräch über meine eltern, meine schwester und deren kinder. ich zeige stolz fotos von meinem neffen und meiner nichte.
weiß, die frage kommt und fürchte sie. stopfe mir eine weißbrotscheibe in den mund. tanti doina stellt einen teller mit drei großen krautwickeln und drei würsten vor mir auf den tisch. daneben sauren rahm. von dem ich schnell drei löffel auf den teller gebe. ich schneide und schlinge. esse so schnell ich nur kann.
damit der mund frei, wenn ich sie anschreie und ihnen die wahrheit ins gesicht.
tanti doina hat sich neben mich gesetzt und schaut mir rauchend beim essen zu.
mustert mich. ich schaue sie an und rede über das wetter.
der löffel in meiner hand beginnt zu zittern. die beiden frauen merken nichts. rauchen.
gleich. gleich.
mein teller ist zur hälfte leergegessen. gleich.
dann.
erzähl, hast du eine freundin? hast du eine frau? wann heiratest du endlich?
jetzt. jetzt der moment. der moment, in dem du aufstehst. der moment, in dem du die wahrheit. erzähl! erzähl ihnen, was wirklich!
erzähl ihnen, wer daniel wirklich auf dem gewissen. wirf ihnen die eigene dummheit an den kopf. diesen hinterwäldlern! mit ihrer falschen religiosität.
diesen heuchlerinnen. erzähl, verdammt noch mal! erzähl! sag was!

ich schlucke das gekaute hinunter. würge. lass mir nichts anmerken. lächle.
blicke starr auf den teller vor mir, konzentriere mich auf das essen und beginne stattdessen zu stammeln.
ich stammele etwas von karriere. dass ich, dass ich karriere. erst karriere. dann vielleicht. vielleicht mal. dann vielleicht familie. frau. kinder. dafür bräuchte man geld. stammle ich. erst dann. erst dann würde ich heiraten.
die richtige sei mir noch nicht über den weg.
ich hasse mich.

meine stiefel gehen. nicht meine füße. unter ihnen knirscht der schnee. mein kopf kann nicht nach vorne schauen.
in diesem ort muss man stark sein. als mann muss man hier stark sein. an diesem ort, wo die vorfahren holzarbeiter. hier ist nur platz für starke männer. dieser ort ist archaisch.
meine augen zeigen schwäche. die tropfen auf meinen stiefeln. darum schauen die augen nach unten. immer nach unten.
warum sehne ich mich immer nach diesem ort? diesem ort, in dem ich mich eingesperrt und beobachtet fühle. sobald ich die grenze überschreite das gefühl von freiheit durch eine seltsame art von patriotismus ersetzt.
feige und erbärmlich. doch das schlimmste ist das selbstmitleid.
ich muss hier weg. plötzlich der einzige gedanke. aus den füßen direkt in meinen kopf. einmal im kopf zurück zu den füßen. die mit dem gedanken jetzt schneller über den vereisten beton des trottoirs.

mein schal schnürt mir die kehle zu. ich denke unweigerlich an den strick um daniels hals. die stromkabel, die sich schwarz von mast zu mast schlingen, sind wie schlingen um meinen hals.
ich habe ihn nicht mehr gesehen. ich habe ihn nicht im sarg liegen sehen.
ich konnte mich nicht verabschieden.
kann mich nicht mehr an letzte worte erinnern. vielleicht auch besser.
schöne worte waren es sicher nicht.

ich stehe vor dem krankenhaus, in dem ich geboren. noch letztes jahr haben sie gesagt, das krankenhaus wird *desfinziert*. aufgelassen. zugesperrt.
jetzt stehen hier baugerüste und neues mauerwerk.
ich gehe weiter über die zweite brücke der stadt. über den rumänischen bach. die gleise haben seit jahrzehnten keinen zug mehr gesehen.
wir immer die gleise entlang. im sommer. daniel und ich. die gleise richtung schlachthof. richtung hängebrücke, die zu unseren häusern führt.
auf dem betondamm den fluss entlang. im gebüsch. um nicht gesehen zu werden. beim rauchen. beim küssen.
verlassen liegt der schlachthof vor mir. bis hierher hatte man meine kinderschreie hören können. bis hierher hatte sich das mutterherz zusammengezogen wegen der schreie.
sechs tage die woche. ritual.
jetzt hört man nur das bellen wilder hunde hinter den mauern.

im sommer das frühlingserwachen. die krautwickel und das weißbrot haben den schnaps in meinem bauch aufgesogen. er gelangte erst gar nicht in meinen kopf.
unter mir auf der hängebrücke werden die beiden bäche zu einem fluss. im sommer haben wir hier gebadet. mit den armen nachbarskindern, die eine geschwisterschar. die ich ganz vergessen, als wir von hier weg. die ich neu kennengelernt im ersten sommer unseres wiederkehrens. jeden sommer einmal in die eine, einmal in die andere richtung. die seele der mutter brauchte jeden sommer diese luft. aus schornsteinen raucht es. nicht aus allen. rollläden, wenn es sie gibt, sind heruntergelassen. im winter wirkt es hier verlassen.
im sommer herrscht nervende lebendigkeit. im sommer kommen alle.
reißen ab. bauen dazu. reisen ab.
eine neue kirche haben sie gebaut am bach. bei der rot/weiß/roten brücke.
dort, wo das schwimmbad eine zeitlang. dort ist das ufer jetzt orthodox.
am ende unserer straße hat sich der orthodoxe priester ein traditionelles haus gebaut. wo früher der mistplatz, auf dem alles gedankenlos weggeworfen, steht es ganz aus holz. der pope verdient sich zu den spenden, die in seine kirche jetzt reichlich fließen nach dem ende des kommunismus, in dem der christliche glaube verboten gewesen, geld dazu. auch er hat sich zum haus eine *pensiune* gebaut.
hier auf unserer seite kann man nicht mehr am wasser entlang.
das ufer hier kein gemeinschaftseigentum mehr. ist jetzt privat und darf nicht mehr betreten.

wo jetzt das haus des priesters, nahm daniel meine hand. ganz anders als damals und wir noch kinder. mein herz schlug wild. dann kam ein fahrrad und wir ließen schnell die hände wieder los. hier darf man das nicht.
das haus seiner großmutter in unserer gasse stand leer.
sie war im jahr zuvor gestorben und sein vater wollte nichts mehr wissen von diesem ort. wollte nichts hören von seiner *avere*, seinem erbe.
oder war selbst tot. man wusste es nicht. man redete nur.
wir kletterten über den zaun, als es dunkel.
daniel wusste, wo der schlüssel zum verlassenen haus versteckt. im schuppen. im selben schuppen, wo er am querbalken hing.
es blieb ein altes haus. so eines, das noch von den ururgroßeltern gebaut mit der küche und der stube. der guten.
wir verdunkelten das fenster zur straße und versteckten uns im hinteren zimmer. daniel zündete eine rote dicke kerze an.
ich nahm schlucke vom apfellikör, den wir im geschäft gekauft, ohne dass uns jemand nach dem alter gefragt.
jeder schluck brannte sich den weg hinunter in den magen und löste meine arme vom rest des körpers.
wir philosophierten. über das leben. mehr über den tod. von beidem wussten wir nichts. meine hand verlor sich immer öfter auf daniels rücken.
dann sahen wir uns in die augen. tief.

wir lagen im garten im hohen gras. zwei leuchtende zigarettenspitzen zwischen den sternen und dem mond. ich spürte die erde unter mir. stellte mir vor, jetzt und hier von ihr verschlungen. wollte von der erde verschluckt. das gras sich darüber. als ob ich niemals existiert. ich war glücklich.

auch tagsüber kletterten wir über den zaun. schlichen uns ins haus.

zwei männer tun so etwas nicht. an diesem ort unnatürlich, wider die natur, was wir da taten.

oben im wald vielleicht. dort hatten die urgroßväter als waldarbeiter eng beieinander geschlafen und geträumt von schönen jungfrauen im düsteren wald.

die sangen und lockten die jungen männer in den wald hinein. und wurden *schiech*. verwandelten sich in bewollte waldweiber, haarige frauen, die sich an männern vergreifen. geschichten, die man unten dann im dorf erzählte.

wochenlang hatten die männer keine frau zu gesicht. mitten in der nacht hatten sich hände vielleicht verirrt. ganz unbefriedigt kam der eine oder andere sicher nicht hinunter ins tal. es war ein behaartes waldweib gewesen, das ihn verführt.

mit unbehaarten oberkörpern lagen wir nackt in der küche auf dem alten canapé, in dem sich unsichtbar wanzen versteckten. es war uns egal. alles war uns egal. wir waren zusammen. es fühlte sich nach zukunft an.

ich wollte wieder hierher, wieder zurück. hier war ich am glücklichsten. das war für mich der schönste ort auf der ganzen weiten welt.

zusammen wären wir glücklich. durften unser glück zwar nur in den vier wänden hier, die heruntergekommen. mit der decke über uns, die schon eingedellt. aber wir würden glücklich werden hier.

darüber sprachen wir nicht. so dachte ich. in meinem kopf
waren wir uns einig.
in meinem kopf würde ich nach dem abitur meine sachen
packen und wieder hierher. in den ort meiner geburt.
natürlich war in meinem kopf die mutter zu recht böse. für
meine zukunft war sie schließlich von hier weg. für mich.
doch das war mir egal.
unser gemeinsamer sommer sollte bald vorbei, die zukunft,
die gemeinsame, hatte gerade erst begonnen.

gegen den rest der welt. die erste liebe vergisst
du nie. besonders, wenn sie narben hinterlässt.
wir waren immer unaufmerksamer geworden. blind natürlich wie sonst vor liebe. hatten nicht an die vielen augen
gedacht, die auf die gasse aus den fenstern schauten.
hinter spitzenvorhängen versteckt. deren münder redeten
ins telefon.
wir hatten das tor nicht gehört. nicht die schritte im hof.
die ganze welt um uns war nicht da in unseren küssen.
die tür tat einen lauten knall, als sie gegen die wand. eine
scheibe zerbrach. scherben fielen zu boden. wir erschraken
und klaubten unsere kleider so schnell vom boden, wie
wir konnten. *anormal!*, schrie die frauenstimme.
anormal! anormal! es war kein wildes waldweib.
sie spuckte auf den boden. wollte uns am liebsten ins
gesicht.
hysterisch fing sie an zu weinen. fluchte auf rumänisch. schlug
sich gegen die brust. gegen ihre arme mutterbrust. schrie
und weinte und verfluchte uns. und schrie weiter ständig
pfui! pfui! pfui! in ihrem schluchzen ständig *pfui! pfui! pfui!*

wir rannten davon. sie sollte nichts mehr von uns sehen. tanti doina hatte noch einen schlüssel. tanti doina hatte uns erwischt.

unser sommer war verraten. unsere zukunft vorbei.

von sommer zu sommer. so hatte ich gelebt. gedacht. von einem sommer zum nächsten. das dazwischen überbrückt.

wir waren altmodisch. technisch noch ganz am anfang. warum wir nicht telefoniert, frage ich mich.

vom vorfall hatten meine eltern nichts erfahren. oder doch und geschwiegen. weggeschaut.

hier schauen die leute weg oder einfach auf die andere seite. vom ehemaligen bürgermeister erzählte man sich in der stadt, dass er sich gerne junge burschen in sein büro bestellt. seine frau schaute auf die andere seite. die ganze stadt schaute weg. doch hinter spitzenvorhängen hinter vorgehaltener hand sprach die ganze stadt darüber. klatschte. anormal nannte es auch sie, wenn zwei männer. im wald kündigte sich bereits der herbst an. die ersten blätter färbten sich in der ferne, als wir zurück. vor sehnsucht weinte ich zwei wochen lang.

der schnee hat uns nie als paar gesehen. vielleicht waren wir auch nie ein paar. trotzdem blieb ich treu.

und das jahr verging. wie jedes jahr kam der herbst und wurde winter. schien die sonne wieder frühlingshaft. dann heißer. Sommerlich, als wir uns morgens vollbepackt wieder ins auto quetschten.

vorfreudig. das herz. in der hose im schritt die vorfreude auch.

die siebzehn stunden autofahrt war der vater in einem durchgefahren.
die mutter fuhr nicht mehr auto, seit wir von hier weggezogen waren.

    jenes jahr war das letzte mal für mich für eine lange zeit. gras wohl darüber gewachsen, so dachte ich. wusste, die mutter, die uns erwischt, würde in der arbeit sein, als ich vorfreudig das dunkle stiegenhaus die treppen hinauf. diesmal würde ich ihn überraschen. romantisch. dachte ich im dunklen stiegenhaus. klopfte mit herzklopfen an die tür im zweiten stock.
daniel öffnete. ich strahlte. doch sein strahlen war aus seinem gesicht verschwunden.
sein blondes haar war kurz geschnitten. haarlos fast der ganze schöne kopf. in seinen blauen augen vermisste ich etwas. er öffnete die tür und ließ mich in die wohnung.
er ging in richtung küche, nahm aus dem kühlschrank ein paar dosen bier und stellte sie auf den tisch. setzte sich auf die eckbank, zwischen seinen fingern zischte es und knackte. sein schöner adamsapfel trank mit ihm.
dann hörte ich zum ersten mal ihren namen. ihr halbes gesicht ihre stirn.
ceau!, sagte sie. ihre stimme tat mir in den ohren weh.
und verstand nicht, wer sie ist. dann küsste die hässliche halbe stirn daniel auf den mund.
mir wurde übel. ein würgen steckte fest. mit einem schlag war da kalter schweiß auf meiner stirn, während ihre zungen sich berührten.
perplex stand ich da im kalten rauch. im geruch von verspritztem sonnenblumenöl in der küche. ich solle mich setzen.

ich beschloss zu folgen, bevor meine beine, die schon zittrig, aufgegeben hätten. bewahrte ruhe. nahm mir eine von den dosen, die zwischen meinen fingern zischte. versuchte nach außen hin die ruhe. in meinem inneren drehte es sich. rotierte.
ich lächelte blöd und nahm große schlucke von dem bier. ich schluckte den dicken kloß, der mir im hals, schluckte die tränen, die mir beinahe ins gesicht, mit tiefen hastigen schlucken hinunter.
ich blieb aus masochismus. kann es mir nicht anders erklären. liebte das leiden und schaute deshalb diesem theater zu. jedes streicheln, jeder kuss bohrte sich ins herz und tat weh. doch ich lächelte blöd.
sie sah aus wie die dummheit. ihr lachen machte mich wütend. ich wollte ihn berühren. doch jedesmal zog er seine hand weg. eine zweite dose zischte in meinen fingern. es machte den anblick erträglicher. betäubte die ohren ein wenig. ihre stimme. doch immer größer machte sie die wut.
sie gingen auf dasselbe lyceum. scheißkaff, dachte ich. und fing an herablassend von diesem ort, von diesem ganzen land zu sprechen. dessen bewohner alle kriminell. so sprach ich. ein wenig lallend schon.
hinterwäldlerisch. konservativ. religiös. unerträglich.
die uhr der kirche, in der ich getauft, läutete. es war vier uhr nachmittags.
ich betrunken.
mein brechreiz verschwand nicht. der kloß im hals wurde nur dicker.
die dritte dose zischte, als daniels blase ihn in richtung bad. auch ich stand auf mit ihm. sie sah mich seltsam an. im kopf verfluchte ich sie in allen sprachen.

ich nahm die dose mit. brauchte mut. ging daniel hinterher.
wir standen im flur. er wollte gerade die türe zum bad.
ich lehnte mich nach vorne. zu ihm nach vorn. wollte seine lippen, seine schönen lippen auf meinen spüren. ihn umarmen. mit ihm schlafen. jetzt.
er sah mich an und fragte, was ich wolle.
dich. dich. dich. er fing an zu lachen.
niederträchtig klang es. er stand vor mir und lachte mich aus.
zu einem priester solle ich, sagte er. auch er sei bei einem priester gewesen und jetzt normal.
normal.
normal.
ich sei nicht normal, sagte er. jedes normal aus seinem mund pochte mir im schädel.
in meinem rücken fing dann sie an zu lachen. auch du normal. wirst sehen.
macht dich wieder normal.
meine hand zerdrückte die dose, aus der das bier in einem schwall auf den teppich. ich warf ihm die dose an den kopf.
er schubste mich. ich schubste zurück.
nu eşti normal.
zum ersten mal schlug ich einen menschen mit der faust ins gesicht. er packte mich am hals und warf mich zu boden. ich trat nach ihm. auch er fiel hin. sie schrie und versuchte mich von ihm los. sie kratzte mich mit ihren spitzen plastiknägeln. beinahe hätte ich auch sie in meiner wut erwischt.
ich packte ihn an seinen handgelenken, versuchte ihn zu küssen. er spuckte mir stattdessen ins gesicht. blutig hing sein speichel in meinem gesicht.

dann schrie eine andere frauenstimme in der wohnungstür. ich stürmte an ihr vorbei. wieder hatte die mutter uns erwischt.

kalt. die düsteren gedanken, die eigenen, sind gerade nicht da. weniger in letzter zeit. ich stehe auf der hängebrücke und spüre gerade das gegenteil.
todesangst, ein wenig. die hängebrücke neigt sich in die richtung, in die das wasser langsam fließt.
ich will nicht fallen. springen nicht. ins kalte wasser unter mir.
die ängste kamen später erst. als das glück uns die zukunft mit dem türschlag genommen.
und eine andere tür hatte ich geöffnet. jahre später. wie jämmerlich er vor mir da.
vor mir jahre später. auf seinen knien noch, als ich diese wieder zugeschlagen. ihm vor der nase zu die tür. die dunkelbraune. und zitterte am ganzen leib.
er verheiratet mit der halben stirn. der priester hatte ihn normal gemacht.
ganz normal. und hatten sich jung die ringe an die finger.
ich konnte es, wollte es nicht glauben, dass es am ende wahr. es tatsächlich geschehen.
und derselbe priester, der ihn normal gemacht, stand vor dem altar und legte das bunte eheband um ihre hände.
ich weinte monatelang, als ich davon gehört. lebte längst schon in der hauptstadt. der österreichischen, in die es mich verschlagen hatte.
all die jahre sind wir daran vorbei. jedes jahr nur dran vorbei.

all die jahre hatte ich die stadt nur von oben gesehen, von dort aus, wo ein weißes flugzeug auf blauem hintergrund den weg in richtung budapest weist.
zurück dann auf der rückfahrt die stadt bei nacht ein lichtermeer von dort oben.
und als ich zum ersten mal am westbahnhof, zum ersten mal in der stadt, so richtig in dieser stadt, beschloss ich gleich zu bleiben. packte kisten. sieben stück.
das gefühl von zuhause. alles erstaunlich vertraut. glücklich in der vielvölkerstadt.
in die auch er nun gefunden hatte. daniel. vor mir bettelnd auf knien.
er sagte alles, was ein vernarbtes herz nur hören wollte.
aus der küche hörte er eine andere männerstimme. alles okay?, hörte ich und bejahte. niemand da. nur niemand. da.
und fasste all meinen mut zusammen und verfluchte ihn, jagte ihn davon. wollte ihn nie mehr wiedersehen. knallte ihm die tür vor der verrotzten nase zu. war verschwunden.

     ich hätte ihm helfen können. nach so vielen jahren wäre es meine pflicht.
der schnee unter meinen füßen knirscht. ich laufe immer schneller in richtung großmütterlichem haus.
niemand soll mich weinen sehen. ich will sofort zurück. sofort zurück und weg von hier. was tue ich noch hier? weg. weg. so schnell wie nur.
und sehe noch mein auto vor dem haus in der ferne. sehe eine gestalt dort stehen. der mann in schwarz gekleidet steht vor mir. vor dem grünen gassentor. das ich aufsperre. der schlüssel zittert in meiner hand. der mann folgt mir in den hof. schließt hinter uns die türe zu. meine augen suchen nach der schaufel.

das feuer knistert im braunen kachelofen. ein anderes porträt der großen wissenschaftlerin und des bauern brennen wunderbar darin. das holz platzt und knistert.
die schaufel steht im flur dort draußen.
wir schweigen. er ist nicht sehr viel älter. nicht viel älter als daniel und ich.
vielleicht vierzig. kann durchaus ja. doch sieht man es nicht.
seine dunklen haare fallen ihm auf der linken seite ins gesicht. seine nase interessiert mich. er trägt eine schwarze priesterkutte. seine dunkelbraunen augen bohren sich in mich hinein. ich kann ihm nicht in die augen.
in mir drin weiß die wut nicht, ob sie nicht doch erregung ist. es ist der verdammte priester, von dem daniel damals gesprochen. der ihn normal gemacht.
der mit seinem weihwasser gespritzt. mit gebeten. das abnormale aus ihm hinausgetrieben. aus ihm, der beschlossen hatte, lieber allem ein ende und lieber am querbalken hing im schuppen. auf dem jetzt erde. auf der jetzt der schnee.
ich bleibe beim kachelofen stehen, der ganz langsam warm wird.
er wolle mit mir reden, sagte er draußen auf der gasse. warum redet er nicht, verdammt? denke ich und werde nervös. ich packe all meinen mut zusammen. jetzt.
er war bei mir. verzweifelt. sehr. vor jahren. nach dieser therapie. sage ich. nenne es therapie. und nehme den teufel in den mund dabei. exorzismus orthodoxer scheißdreck sage ich. sehr verzweifelt sei er gewesen, es aber nicht mein fehler. nicht mein fehler, dass er sich erhängt.

ihr fehler. euer fehler schreie ich beinahe jetzt. seine dunklen augen fokussieren mich. er lässt sich nicht von mir aus der fassung. ich rede mich in rage. alles werfe ich ihm vor. kurz denke ich an die schaufel, die draußen im flur. kurz denke ich ihn umzubringen. die wut in mir heraus. bin jetzt nur noch wut.
so laut hat seit langem keiner mehr geschrien in diesem haus.
kurz muss ich lachen bei dem gedanken. ganz kurz. süffisant.
jetzt richtet sich die wut gegen mich selbst. auf einmal. spüre den knoten jetzt in der brust sich lösen. den kloß im hals sich lösen. spüre die tränen mir aus den augen.
er steht auf. bewegt sich auf mich zu. ich entdecke tränen auch in seinem gesicht.
kann es kaum glauben. er nimmt mich in den arm und drückt mich fest. ganz fest vertraut. wir weinen gemeinsam. trauern zu zweit.
ich weiß, ich weiß, wiederholt er. er hat dich auch sehr geliebt. ich habe ihn auch sehr geliebt. sagt seine tiefe stimme.
ich bin verwirrt. löse mich aus der umarmung.
endlich redet er. warum er sonst so abseits dort oben am grab. fragt er mich. vor scham. vor verachtung. für alle. natürlich.
was ich meine, warum er nicht die totenmesse für ihn, sondern dieser traurige pfaffe, der kein wort richtig sprechen konnte.
im letzten hinteren dorf würde er jetzt leben. dorthin habe man ihn.
es sei ein süßes geheimnis gewesen, seines und daniels. auf das man schließlich doch.

noch im tod bricht er mir das herz, denke ich.
verflucht soll er sein. denke ich und tröste den mann mir gegenüber.
fange an ihm sanft den kopf zu streicheln. seine schläfen sind weich.
nehme seinen kopf zwischen die hände.
küsse ihn. er erwidert es.

morgengrauen. in diesem licht sieht er sogar ein wenig schöner aus. er atmet tief. liegt nackt neben mir.
was die tante wohl, denke ich und schmunzle. es ist mir mittlerweile egal. das zimmer ist abgekühlt im laufe der nacht.
lange schon hatte ich nicht mehr so eine nacht verbracht. in mir drin ein klein bisschen glück. nicht die zukunft. so erwachsen bin ich bereits. ich suche meine sachen vom boden zusammen. ziehe mich langsam an und merke, dass er langsam erwacht. *dimineața* höre ich ihn nuscheln. unsere blicke treffen sich lächelnd. ein wenig schüchtern. *plec.* ich fahre. er nickt stumm und zieht sich die unterhose, zieht sein priestergewand an.
ich steige in das auto. vor dem versperrten gassentor winkt er mir nach.
unter dem traktor ist der schnee schwarz.

schweigen.

mutter war sie nie, nur tante. immer tante. die weit weg lebte und die welt, die ganze welt gesehen hatte. schon als sie jung war, war sie überall in der sozialistischen welt gewesen. hieß es.

ihre stimme klingt schrill in meinen ohren, als sie meinen namen schreit vor freude.
herzlich ihre umarmung im schatten der weintrauben, die draußen vor den verandafenstern hängen. niemals sind sie reif, wenn wir zu besuch.
immer schon flüchten wir vor dem herbst und sind längst weg, wenn die tante auf den stuhl steigt und die trauben in die große flasche füllt, in der sie dann zu wein werden. das weißbrot steht auf dem tisch bereit auf dem weißen tischtuch aus plastik neben dem sauerrahm. dem mit der goldenen schrift, dem guten.
auf dem herd in der küche köcheln rote paprika mit faschiertem fleisch gefüllt in tomatensoße. die tante befiehlt *egyél!* essen soll ich. mein mund kaut.

als ich die tante zum ersten mal wiedersah, fragte ich nach ihrem mann. fragte sie auf ungarisch, das sich damals langsam aus meinem kinderhirn verabschiedete, wo der *bácsi*, der onkel also, sei. jener dicke mann, der mir auf der anderen seite der brücke in der taverne einmal eine limonade gekauft, als die gedanken in meinem kopf noch rumänisch sprachen.

auch meine eltern schauten mich fragend an. niemand
hatte mich verstanden. meine kinderhände zupften am
weißbrot. kleine inseln sogen sich mit bohnensuppe voll.
dieser mann hatte im selben haus gelebt wie die tante und
musste ihr mann gewesen sein.

mit dem weißbrot wische ich den teller sauber, sage
köszönöm.
egészségedre, erwidert die tante, stellt kuchen auf den
tisch. dann frage ich, ob da erinnerungen noch von unserem ersten besuch. jenem, an dem ich die tante gefragt,
wo denn ihr mann.
in ihren augen sehe ich das herz stocken, kurz und rede
weiter, erkläre wie mein kinderhirn damals gedacht, der
großvater sei ihr mann gewesen.
wir lachen. beide. angespannt.

plötzlich schwebt zwischen uns im raum die frage, warum
sie immer noch allein, immer allein geblieben und ich nun
auch alleine hier. in ihrer einsamkeit.
warum in meinem leben niemand. obwohl da durchaus
jemand in meinem leben.
von dem erzähle ich aber nichts und bitte die tante um
kaffee.

die tante erzählt nicht von ihrer vergangenheit. die tante
meint nur rauchen sei eine sucht wie trinken. ich zünde
mir eine zweite zigarette an. ganz bald würde ich mit
dem rauchen aufhören, ganz sicher bald. wir sitzen und
schweigen.

sie hatte bei der post gearbeitet. und eines tages wurde der schöne mann hierher versetzt. an diesen verschlafenen ort. sie frisierte sich die schwarzen locken schön mit lack nach oben. am schalter nebeneinander lächelten sie einander an. in den pausen fing sie an zu rauchen, als er ihr eine zigarette anbot. von den guten, jene aus den packungen, die nie zum rauchen, sondern nur zum tausch bestimmt.

die tante fragt, ob ich jemanden treffen werde in der stadt. niemand mehr hier. alle weg. von meinen freunden alle weg. erwidere ich. vorbei die zeit, in der wir im sommer hier alle vereint. wir sind erwachsen und leben verteilt in europäischen städten.
nein, ich bleibe allein. diese eine woche alleine. dass ich gern allein sei, sage ich einmal zu viel. und dann erkennt die tante eine ähnlichkeit. ein kleines erschrecken in ihrem blick, furcht ein wenig, etwas von sich selbst in mir erkannt zu haben. die furcht, auch ich könnte mich für die einsamkeit entschieden haben.

alt ist sie geworden, die tante und plötzlich ist in meinem kopf der gedanke, dass ich irgendwann wohl verantwortlich wäre für sie.
ob es ein altersheim gibt in dieser stadt, frage ich. die tante lacht. ob das mein ernst sei. einmal einfach tot. umfallen und unter die erde. sagt sie. das will ich und das werde ich. so einfach stellt sich die tante ihre zukunft vor und geht in die küche.
der fernseher im dunklen wohnzimmer spricht ungarisch. ich höre *migránsok*.

von vielen migranten spricht der fernseher jetzt und hört nicht auf mit der hirnwäsche.

der schreiner hatte sich verliebt in die schneiderin und sie mitten im krieg zur frau genommen. die erste tochter lebte ein jahr. im zweiten jahr kam die tante zur welt. dann zwei söhne. man war ungarisch. zwischen ungarischen büchern saßen die beiden frauen der söhne und sprachen rumänisch. mit der schwiegermutter sprachen sie zwischen den sprachen und verstanden sich.

wir sitzen am tisch und sehen fern. schweigen.
schütteln die köpfe, weil der fernseher auf rumänisch erzählt, dass eine prostituierte im zug männer mit syphilis angesteckt. in jeder stadt auf der strecke bis bukarest einen.

meine tante ist jungfrau. meine tante nie mit einem mann.
meine tante geht jeden sonntag in die kirche und pilgert jedes jahr.
bringt heiligenbilder und rosenkränze, weihwasser in flaschen. überall die heilige maria mutter gottes. dass da jemand in meinem leben, verheimliche ich wegen der heiligen maria mutter gottes.

seine schönen augen hatten sie verführt. nackt lagen sie auf dem weißen leintuch. in der luft hing rauch und schweiß und leidenschaft. sie lagen auf dem boden und lachten. er blies rauch in die luft. sie nahm die zigarette und paffte weiter.

in seiner wohnung war nicht viel. es hingen keine bilder.
das störte sie nicht. sie dachte sich, bald würde sie bilder
von sich und ihm hier an die wände hängen.
sie fuhr ihm durch sein schwarzes haar und war glücklich.

aus der dunkelbraunen kiste vor mir auf dem tisch nehme
ich bilder. schwarz und weiß mit zackenrand. eines nach
dem anderen nehme ich heraus und halte die eltern in
der hand. sie schauen sich an. links im bild sitzt meine
mutter. hält in spitzenhandschuhhänden weiße callas.
rechts steht mein vater. im echten leben hab ich sie nur
selten so verliebt gesehen.
ein anderes foto muss man ganz genau betrachten. sonst
sieht man nicht, wie der großvater eine stufe höher steht
neben, über seiner frau, die lächelt. mit zahnlücke.
die tante sitzt ohne begleitung. war ganz allein auf den
hochzeiten ihrer brüder.
die tante flog allein auch nach leningrad, nach moskau.
sah allein kasachstan, usbekistan, turkmenistan.

an freitagen und dienstagen isst die tante kein fleisch und
geht in die kirche, wo die tante nie ein weißes kleid vor
dem altar getragen.

sie wollte es jetzt offiziell den eltern und auch ihm. endlich
sollte auch er von seinem glück erfahren. am abend kam
immer ihre morgenübelkeit und ein wenig übel wurde ihr
auch, als der arzt von schwangerschaft. der arzt sagte,
es sei kein problem, er könnte auch und machte eine
bewegung. weil sie eine junge frau ohne ring am finger.
er könnte helfen und schweigen für ein wenig geld.

im ersten moment erschrak sie und fing im nächsten zu lachen an. mit ring am finger würde sie mutter. und nicht anders, sagte sie.
sie zog sich an und ging nach hause. in das zuhause, in dem sie mit den eltern lebte.
aufgeregt half sie der mutter in der küche. sah ständig auf die uhr an der wand über der tür.
der schnee lag hoch auf den straßen. der tisch war gedeckt in der mitte des zimmers und wartete auf seine gäste.
durch die fenster durch die spitzenvorhänge klopfte eine hohe gestalt draußen im gang und zauberte ihr ein strahlen ins gesicht.
die schwarzen augen, das schwarze haar betraten das haus der eltern. der vater gab ihm sofort die hand, schüttelte sie kräftig und fragte wie seiner frau die neue stadt gefalle und ob sie schon eingetroffen sei.
der teller glitt ihr aus der hand, zerbrach. das strahlen verschwand aus ihrem gesicht.
eine frau gab es in seinem leben und kinder in einer anderen stadt. die packten gerade koffer und bilder, die später an den wänden seiner wohnung hängen sollten.
die eltern verstanden ihre tränen nicht. sie aßen.
dann sprach man im haus nicht mehr von den schwarzen haaren, von den schwarzen augen.

wir schweigen. sprechen nicht darüber. über das, was man sich von der tante erzählte. die tante soll einmal sehr verliebt. hörte ich die stimme der großmutter. ich musste geschlafen haben und mein kinderkopf erwachte gerade. durfte nicht heiraten die tante, sagte sie. und der mann, den sie geliebt, fiel vom schlag getroffen tot von einer leiter.

die tante macht sich die haare noch genau wie vor dreißig jahren. die sind jetzt grau, doch die locken fixiert sie immer noch mit lack.
ich möchte ihr von meiner sehnsucht erzählen trotz der heiligen maria mutter gottes.
betrachte ihre dicken augengläser und klaube mit den bildern vor mir meinen ganzen mut zusammen. unsere blicke treffen sich über dem weißen plastik.

ich bin nicht so allein wie du, sage ich.

wir danken der partei.

schwarze dacia. ich war neun, lebte im besten land der welt und hatte keine ahnung von revolution. mein banknachbar hieß nicu und wir beide saßen in der ersten reihe direkt vor dem bild unseres lächelnden *conducătors*. jeden morgen, wenn unsere lehrerin das klassenzimmer betrat, standen wir alle wie kleine soldaten auf und salutierten *guten morgen frau lehrerin!* in unserem ostigen akzent. legten dabei die rechten kinderhände auf unsere herzen und sangen die sozialistische hymne. eine ewigkeit. ich bewegte nur die lippen, denn mama sagte, die hymne sei idiotisch und ich solle sie nicht mitsingen. mama sagte auch, der kommunismus, wie er in diesem land betrieben würde, sei schlecht. und dass die menschen nichts zu fressen hätten, während die erste schmalzlocke im staat mit goldenem besteck esse.
darum sah ich meine mama seit einiger zeit nicht mehr.

wir waren gerade dabei polenta mit grünen bohnen zu essen, als es plötzlich laut an der tür unserer wohnung im dritten stock klopfte. drei männer standen im gang.
mama machte auf und wurde gleich von einem der männer gepackt. der drehte sie mit dem rücken zu sich, hielt ihre hände ganz fest und führte sie ab, während die anderen beiden wie traktoren vor unserer tür standen.
stumm und böse und ohne antworten.
ich rannte schnell zum küchenfenster, um einen blick auf meine mama zu erhaschen.

ohne jacke bei hohem schnee wurde sie in eine schwarze dacia gezwängt und verschwand.

papa, oma und ich verbrachten weihnachten alleine. ohne mama.
immer wenn unser rotes telefon klingelte, sprang papa ganz nervös auf und hob den hörer von der gabel.
es war niemals mama, die anrief. nur der onkel, der fragte, ob mama wieder zurück sei.
nu, sagte papa und wurde traurig. trauriger als sonst.
seit dem besuch der drei männer konnte papa wegen dieser traurigkeit nicht mehr schlafen. ich auch nicht.
morgens sah ich unseren *conducător* nur noch mit halboffenen augen. nickte bei der hymne manchmal ein, sodass nicu mich mit einem stoß in die rippen wecken musste.

ich hatte angst, sie würden auch papa mitnehmen. hatte angst, ich müsste weihnachten alleine mit oma verbringen. aber die schwarze dacia kam nicht mehr. nur hörte ich, seit mama weg war oft ein klicken im telefon.
oma nahm mir sofort den hörer aus der hand und legte auf, wenn ich nicu am telefon sagte, der kommunismus sei scheiße, weil er mir meine mama weggenommen hat.

meine noten wurden schlechter. obwohl ich genauso viel lernte wie früher. ich wollte, dass mama stolz ist, wenn sie wieder zurück. doch irgendwie konnte ich machen, was ich wollte, die frau lehrerin verlor ständig meine schularbeiten und in meinem notenbuch verschwanden die zehner. verwandelten sich auf einmal in vierer und dreier.

ich war nicht mehr der beste in der klasse und verstand es nicht. ich weinte mich in den schlaf und lag neben papa. da wo mama sonst immer geschlafen hatte.

deutschland. wir gingen auf die deutsche schule, weil wir deutsche waren.
oma erzählte mir viel von diesem deutschland. sie war schon einmal dort gewesen.
das erste mal, als sie so alt war wie ich. nur damals bedeckte deutschland beinahe den ganzen kontinent und hatte auch so einen führer wie wir.
großmutter ist zwei jahre nach dem krieg wieder zurückgekehrt. nicht nach ungarn, zu dem unsere stadt damals gehörte, sondern in die volksrepublik rumänien.
ganz groß wäre *Republica Populară Română* auf ihrem pass von damals gestanden, wenn sie einen gehabt hätte. jetzt lebten wir in einer sozialistischen republik. auf meinem pass stünde *Republica Socialistă România*. und er hätte keinen einzigen stempel drin.
ich war noch nie im ausland. im *televizor* sagte man, das ausland sei voller imperialisten und kapitalisten. rumänien sei ein land dazwischen, sagte frau winter, unsere lehrerin.
ich musste sehr lange überlegen, was sie damit meinte, da um uns herum nur sozialistische bruderländer waren. vielleicht meinte sie mit kapitalisten ja die jugoslawen. die schienen ein bisschen freier zu sein als wir.

mit mama sprach ich immer deutsch. auch mit oma sprach ich *teitsch*.

ein altes deutsch, von unseren vorfahren nach siebenbürgen gebracht. das sich dann mit dem jiddischen und dem ungarischen verschmolzen in unser deutsch verwandelt hatte.
als ota, mein großvater, noch lebte, sprach ich mit ihm rumänisch. mit meinem papa ungarisch. und mit mama und oma deutsch. aber alle waren wir rumänen.
das machte die grenze, die uns vor dem ausland schützte. nur im spiel hatte ich einen pass. im spiel verließ ich oft unser land.
im spiel war ich schon in ungarn, jugoslawien, österreich und sogar in deutschland.
in österreich und deutschland spielte ich immer kapitalist. warf papier durch die luft und stellte mir vor es wäre geld.
immer wenn ich am glücklichsten war, kam nicu mit einem knüppel und spielte imperialist. dann sperrte er mich im innenhof zwischen den wohnblöcken in unser garagenhäuschen aus holz und sprach ein fantasierussisch.

die garage wartete immer noch auf unser auto. als ich sechs jahre alt war, hat papa seinen führerschein gemacht und wahrscheinlich das fahren längst verlernt, weil man im kommunismus nicht einfach so ein auto kaufen konnte.
dafür musste man warten. und papa wartete nun schon seit zwei jahren. in der garage lagerten wir statt einem auto unser holz für den kachelofen. und kiloweise kartoffeln.
ich war eigentlich ganz froh kein auto zu haben. dachte, mit einem auto würden meine eltern das ganze holz und die kartoffeln in meinem zimmer stapeln.
mein zimmer war so klein. und wurde noch kleiner, wenn mama sich zu mir ins bett legte, weil papa schnarchte oder nachdem sie laut gestritten hatten.

nur mama war laut. papa schrie nie. und oma sagte immer, das sei auch gut so. und *wenn die frau schreit, ist die beziehung in ordnung. wenn der mann schreit, dann ist sie kaputt.* ohne mama im haus wurde es sehr leise. oma murmelte nur jeden tag zehnmal ihren rosenkranz vor sich hin. jetzt schrie nur noch papa.
ihre beziehung ist kaputt, dachte ich.

die partei. kurz nachdem der kommunismus mir meine mama genommen hatte, musste ich in der schule ein dummes gedicht lernen. dumm dachte ich, weil mama es bestimmt für dumm gehalten hätte. es ging so:

einst gab's im land zu wenig brot
und viele kinder litten not.
das elend ist nun längst vorbei.
das danken wir unserer partei.

ich weigerte mich, es auswendig zu lernen. dachte an mama und frau winter gab mir sowieso nur noch schlechte noten. hatte also folglich nichts zu verlieren.
richtig stolz nahm ich also die schlechteste note entgegen und fühlte mich revolutionär, obwohl ich nicht einmal wusste, was es bedeutete.

ich wurde zum direktor zitiert.
in der klasse fühlte ich mich noch groß und stark. vor dem büro des direktors war ich ein kleiner wurm.
ich saß auf dem schulgang und zitterte am ganzen körper.
die anderen kinder zeigten auf mich und lachten. manche ältere schüttelten den kopf.

die bösen kinder zwinkerten und zeigten mit dem daumen nach oben. ich wollte nach hause. ich wollte zu meiner oma. nein, lieber zu mama.

der direktor kam mir hinter seinem schreibtisch riesig vor. im aschenbecher vor ihm glühte eine zigarette. er blickte mir tief in die augen.
ich kam mir vor wie in einem agentenfilm.

warum willst du das gedicht nicht lernen?
ich schwieg, weil ich angst hatte, meiner mama würde etwas passieren, wenn ich sagte, ich fände es dumm. außerdem war dieses gedicht gelogen. seit einiger zeit gab es nicht einmal mehr brot in den geschäften. und wenn doch, war es hart wie stein. das sagte ich ihm natürlich auch nicht. ich schwieg und schaute zu boden.

nach einer gefühlten ewigkeit sagte er schließlich:
du schreibst seit einiger zeit so schlechte noten. du warst doch einmal der beste der klasse.
– *ich weiß nicht. frau winter...*
was, frau winter?
– *frau winter gibt mir so schlechte noten. ich... ich... lerne... viel... aber... weiß nicht...*
stammelte ich und meine augen füllten sich mit tränen.
was arbeiten deine eltern?
– *kombinat... papa arbeitet beim kombinat...*
und deine mutter?

ich fing an zu weinen. hörte nicht mehr auf. der direktor nahm den telefonhörer in die hand und ich dachte, die männer kämen gleich, um auch mich zu holen.

meine großmutter kam. entschuldigte sich beim herrn direktor höflich für mein benehmen. überreichte ihm eine packung kaffee, die uns onkel ernő aus deutschland mitgebracht hatte. sie schimpfte den ganzen weg nach hause. nicht mich. sie fluchte auf deutsch und rumänisch über dieses *miese schwein* und benutzte ungarische wörter, für die ich von papa eine ohrfeige kassiert hätte.

ich bekam eine hühnersuppe. *um deine nerven zu stärken*, sagte oma. die suppe war wohl eher für ihre geschwächten nerven, dachte ich und grinste.

am abend saßen wir vor dem fernseher und schauten das abendprogramm. im *televizor* sah ich ceaușescu und seine frau über die baustelle seines palastes gehen.
dieses monumentale monstrum, das für alle zeiten von der goldenen ära, in der wir lebten, zeugen sollte. dafür hatte er so viele schöne gebäude einfach dem erdboden gleichgemacht. als hätte die hauptstadt beim großen erdbeben nicht schon genug schöne gebäude verloren.
wie ein stolzer zuckerbäcker vor seiner reichverzierten torte grinste er. sein gang war ganz schlaff. umso härter war sein fuchteln mit den händen. immer dieses blöde fuchteln.
bestia, hörte ich hinter mir meine großmutter fauchen.
damit meinte sie die größte wissenschaftlerin des landes: genossin ceaușescu.
sie war nicht schön. alles andere als schön. dieser riesen zinken im gesicht. diese strengen haare. ich mochte sie nicht. oma mochte sie nicht.

im grunde genommen mochte sie keiner in diesem land. als ich kleiner war, hatte ich sogar richtig angst vor ihr. onkel ernő hatte einmal den *zauberer von oz* auf kassette aus deutschland mitgebracht.
den schaute ich zwei wochen lang nach der schule jeden tag. und dachte elena ceaușescu sei die hexe des westens. dachte, darum würden sie die nachrichten so oft in schwarz-weiß zeigen. meine oma lachte. und mama noch mehr.
die hexe des ostens!, kicherte sie und konnte sich vor lachen kaum halten.

normalerweise kam papa vor den nachrichten aus der arbeit nach hause und duschte, bevor das wasser abgestellt wurde.
nach meinem besuch beim direktor war er nach dem spielfilm und der hymne noch immer nicht daheim.
oma war beim film mit den stricknadeln in der hand eingeschlafen.
ich zündete schnell drei kerzen an, bevor der strom abgestellt wurde, nahm oma ihr strickzeug aus der hand. sie schnarchte kurz auf, erhob sich aus ihrem sessel.
drückte mir einen feuchten kuss auf die wange und ging zu bett.
ich wollte sie nicht beunruhigen und sagte ihr nicht, dass papa noch nicht da war.
wusste nicht, was ich tun sollte. wen anrufen. ich wartete im kerzenschein und blätterte im *cine almanach*. dann schlief ich ein.
als ich aufwachte, war es dunkel und ich lag im bett. mit papas arm auf meiner brust. die sich plötzlich befreit anfühlte beim anblick meines vaters neben mir.

am nächsten morgen stand papa in der küche und machte rührei. *rántotta,* sagten wir immer und ich spielte mit den wörtern: *tata csinál rántottát. rántottát csinál tata. tata ti ta to...* das letzte t verschluckte ich beim anblick meines vaters.
sein rechtes auge war blau und geschwollen, und als er *szía* sagte, zischte es mehr als sonst, weil ihm ein zahn fehlte und seine lippe dick verkrustet war.

in der schule saß ich verheult in meiner bank und sang lautstark die hymne mit.
damit frau winter mich auch ja gut hören konnte. dann trat ich vor die klasse und sagte das bescheuerte gedicht auf.

hundebellen. im sommer nach mamas verschwinden fuhren wir zum ersten mal nicht ans meer. papas wunden waren verheilt und wir witzelten über seine zahnlücke. nannten ihn hexe des ostens. und wurden traurig. hatten immer noch keine nachricht von mama.

papa blieb seit der sache mit dem gedicht nach dem frühstück zu hause.
ging nicht mehr zum kombinat, sondern auf den markt. wo er alles mögliche verscherbelte. oma trug ihre goldohrringe plötzlich nicht mehr und beim spielen fand ich ein dickes bündel geld.
bevor ich jedoch damit kapitalist spielen konnte, erwischte mich oma und schimpfte.
sie schrie mich laut an. wir haben eine gute beziehung, dachte ich.

es war heiß. die nächte unerträglich. ich lag wach und konnte nicht einschlafen. lauschte dem bellen der hunde.
musste an belle denken, unsere kleine pekineserhündin, die meine mutter eines tages mitgebracht hatte.
sie hatte krumme zähne und glubschaugen. ich fand sie so hässlich wie unsere erste genossin im staat.
jeden morgen, nachdem wir ihr zu fressen gegeben hatten, kratzte sie an der wohnungstür und wir ließen sie streunen. ich ging zur schule, mama und papa zur arbeit und wenn oma vom milchanstehen zurückkam, wartete die kleine hündin vor dem blockeingang und stupste mit ihrer schnauze gegen ihr schüsselchen.
nachdem oma ihr ein bisschen milch eingegossen hatte, zog sie wieder los und kratzte erst abends wieder an der tür.
zwei mal kam sie trächtig vom streunen zurück. beim ersten mal hatte sie drei welpen geworfen. die quietschten und winselten im karton neben dem kachelofen.
ich winselte und weinte, als papa sie im fluss ertränken wollte. ich versprach, sie irgendwie bei freunden unterzubringen. hoch und heilig.
den kleinsten bekam nicu. wir tauften ihn toto.
die anderen beiden landeten bei schulfreundinnen mit garten. und dienten als lebende alarmanlagen.
beim zweiten mal warf belle vier welpen. ich wurde nur zwei los und papa gnadenlos.
die welpen, die ich nicht unterbringen konnte, steckte er in einen sack, ging damit zur kleinen hängebrücke.
wahrscheinlich standen dort mehrere väter mit weinenden kindern zuhause und hundewelpen im sack.
eine woche lang sprach ich kein einziges wort mit meinem vater.

und nach zwei monaten verschwand auch belle. mama war felsenfest davon überzeugt, belle sei aufgrund ihrer schönheit gestohlen worden. sie hätte sie in einer hellblauen dacia gesehen. sie schwor, es sei unsere belle gewesen. in diesem sommer lag ich verschwitzt im bett und horchte belles bellen nach.

kommunistischer sommer. keinen sand, sondern sägespäne gab es für mich jenen letzten sommer. die ferien verbrachte ich damit, allen nachbarn aus unserem block dabei zu helfen, die großen holzstämme in kleine holzscheite zu hacken, die dann im winter leicht in die kachelöfen passten.
es war mühsam, feuer zu machen. die wohnung wurde immer viel zu warm und kühlte in der nacht ab, sodass der morgen immer kalt war. dann begann das spiel von vorn. das holz in den ofen, die kacheln heiß, die wohnung warm, der morgen kalt.
einmal hatten nicus eltern papa gebeten, ihren sohn über den februar bei uns einzuquartieren, da ihr block nur zentralheizung hatte, die nicht mehr richtig heizte.
wir zwei freuten uns, fühlten uns wie brüder bis zum frühling, als es wieder wärmer wurde.
jetzt lag nicu sicherlich am strand und seine eltern, die im winter die abende und nächte in der wohnung in jacken und decken gehüllt verbracht hatten, freuten sich über den sonnenschein auf ihrer haut, die in drei wochen ganz braungebrannt sein würde.
ich hingegen spielte nur strand. sammelte sägespäne auf, die wie wasserstrahlen aus den holzstämmen zu spritzen schie-

nen, wenn die kettensäge durch sie hindurch ging. die späne schaufelte ich in einen großen eimer und leerte sie auf einen haufen vor unserer garage. legte mich mit nacktem oberkörper drauf, sonnte mich und fantasierte mich an den strand.
mit dem helfen verdiente ich mir ein paar lei dazu. nicht für mich, mehr für papa und oma. und für mama. sie sollte hören, wie fleißig ich im sommer gewesen bin.
was hätte ich mir denn schon kaufen sollen? es gab ja nichts. nur die miete, die wir zahlen mussten, mit der wir jetzt immer öfter hinterher waren. wie ich einmal beim lauschen gehört hatte.

ende august war die garage von oben bis unten voller holzscheite und ich stolz.
der sommer neigte sich dem ende zu und bald würde die schule wieder losgehen.
nach den drei monaten ferien hatte ich richtig angst vor der schule.
vor frau winter und den schlechten noten. hatte aber fest beschlossen, das letzte schuljahr unter dieser klassenleitung als guter genosse hinter mich zu bringen.
das einzige, worauf mama wohl nicht stolz sein würde, dachte ich.
ich berichtete von meinem sommer als fleißiger arbeiter, der lieber gutes für die gemeinschaft getan und freiwillig auf den urlaub am strand verzichtet hatte.

der platz neben mir blieb leer. nicu kam nicht zur schule. jeden tag ging ich zu seiner wohnung, doch keiner machte auf. jeden tag rief ich beinahe stündlich an und durfte mir omas geschimpfe anhören.

frau winter erwähnte nicus namen nicht mehr in der klasse.
und eines tages setzte frau winter in einer deutschstunde nicoletta, das mädchen, das damals einen welpen von uns bekommen hatte, neben mich.

flüsternd fragte sie mich, ob es denn stimmte. *was stimmt?*, fragte ich zurück.

stimmt es, dass nicu jetzt in deutschland ist? mein herz blieb kurz stehen.

ich wusste von nichts.

es bestätigte sich, als ich eines tages wieder einmal vor nicus block stand und männer gerade möbel auf einen lastwagen packten. ich erkannte den schrank aus nicus zimmer und seinen schreibtisch. rannte die treppen hoch, wo mir gerade zwei männer mit dem sofa der familie entgegenkamen. ganz aufgewühlt fragte ich, wohin sie die möbel fahren würden.

der schwitzende dicke fluchte irgendwas von *verräterschweinen* und *verrecken sollen sie*. der dunne lachelte und zwinkerte mir zu. ich wusste nicht, was das zu bedeuten hatte.

ich setzte mich auf die treppe vor dem eingang und weinte, während die sachen meines besten freundes nach und nach aus der wohnung geschleppt wurden.

als alles auf dem lastwagen war, kam der dünne mann, der mir zugezwinkert hatte, auf mich zu und gab mir einen zettel in die hand. dann stieg er an der fahrerseite ein und fuhr mit dem haushalt der familie davon. als ich den lastwagen nicht mehr sehen konnte, öffnete ich den zettel und las *germania*.

rot. *jetzt schau nicht so traurig,* sagte oma und stellte mir einen teller gemüsesuppe hin. hühnersuppe zum beruhigen meiner nerven gab es seit längerer zeit nicht mehr.
er wird wohl jetzt in deutschland sein, fügte sie hinzu.
– ich verstehe es nicht. er hat mir nichts davon gesagt.
wahrscheinlich hat er es selbst nicht gewusst. du hast doch gesehen, wie der dicke mann reagiert hat. so ungefähr musst du dir ceaușescu vorstellen, wenn jemand unsere republik verlässt.
appetitlos rührte ich mit dem löffel in der suppe herum und fühlte mich verraten. hatte einen anhaltspunkt. aber keine adresse, keine telefonnummer.
nach der schule verbrachte ich die zeit damit, auf das telefon zu starren. wartete von nun an nicht nur auf einen anruf von mama, sondern auch auf einen aus deutschland. vergeblich.

bald darauf wurde es november und mein geburtstag stand vor der tür. ich liebte meinen geburtstag. am ersten november schon ging ich jedem auf die nerven damit. doch in jenem jahr wollte ich keinen geburtstag. nicht so. nicht ohne nicu. nicht ohne mama.
oma ging regelmäßig zur nachbarin mit den hühnern im ersten stock.
die war in unseren block gezogen, als nicus sachen aus dem block am anderen ende der stadt ausgezogen waren.
sie war so alt wie oma und kam aus einem dorf in der nähe, das es bald nicht mehr geben sollte.
vom staat bekam sie für ihr haus und den hof die wohnung. die hühner nahm sie mit, obwohl sie es nicht durfte. heim-

lich lebten sie auf ihrem verglasten balkon, den sie mit schwarzen tüchern verhängt hatte.
doamna floare, frau blume, hieß sie.
roch überhaupt nicht ihrem namen entsprechend. immer wenn ich an ihrer wohnung vorbeiging, hielt ich mir die nase zu, weil es sehr streng nach *brânză,* dem rumänischen käse roch, den oma immer mit polenta zubereitete.
dieses gericht sollte es nun auch an meinem geburtstag geben. aus den eiern von doamna floares hühnern zauberte meine großmutter eine geburtstagstorte. und ich glaubte an ein geburtstagswunder. es musste ein wunder geben. schließlich sollte ich zehn werden!
nach der schule rannte ich ganz aufgeregt den ganzen schulweg nach hause, die treppen hoch, an der stinkenden wohnung der bäuerin vorbei, riss die tür auf und dachte gleich, gleich stünden mama, papa, oma, nicu und alle, die ich kannte, um meine torte herum und sängen *la mulți ani!* doch in der küche entdeckte ich nur oma, die am küchentisch saß und schluchzte.
als sie mich sah, erschrak sie und versuchte vergebens die trauer zu unterdrücken.
mir schossen plötzlich auch tränen in die augen und ich schluchzte mit.
nun war ich wirklich eines der kinder, das not litt.
das verdankte ich der partei. nichts anderes.

oma und ich aßen schweigend die stinkende polenta, ich aß ein kleines stückchen kuchen und setzte mich vor den fernseher. schaltete ihn an und schaute lethargisch in das schneegewirbel in der röhre. als papa später nach hause kam, stupste er mich wach und gab mir ein kleines braunes

päckchen. in dem päckchen war ein spielzeugmotorrad aus metall, das man aufziehen konnte, sodass es im kreis fuhr. ich sprach kein einziges wort, zeigte meinem vater ein kurzes freudenlächeln und ging ins bett.
papa legte sich neben mich und erzählte mir im dunkeln auf ungarisch die geschichte von der weinenden prinzessin im turm.

hol volt, hol nem volt..., fing er an, ein könig. der lebte in einem großen königreich. in dem königreich war alles rot. alle anderen farben waren verboten. der könig liebte die farbe rot und erlaubte keine andere farbe als diese.
kurz nach seiner krönung hatte er alle malermeister seines königreiches zusammengerufen und das gesamte königreich rot anmalen lassen. er verbot auch jede erwähnung einer anderen farbe, und um ganz sicher zu gehen, hatte er die vier feen um einen zauber gebeten, der den menschen die erinnerung an blau und gelb und grün und violett und alle farben aus dem regenbogen vergessen machte.
als die frau des königs schwanger wurde, bekam sie ganz viele große rote äpfel zu essen und ihr bauch wurde immer dicker und dicker. und sie gebar ein mädchen. der könig taufte es – wie denn sonst – *piroschka*.
als die kleine prinzessin neun jahre alt war, starb die mutter und hinterließ das ganze königreich in trauer. die menschen weinten und sehnten sich nach etwas. sie fühlten sich plötzlich unwohl in ihren roten kleidern und kostümen.
sie weinten viel und ihre vielen tränen fingen an, die rote farbe aus dem königreich zu waschen. als der könig das sah, erschrak er so sehr, dass er prinzessin piroschka in einer roten kutsche aufs land hinaus fahren ließ zu

einem hohen roten turm. er wollte um jeden preis verhindern, dass piroschka eine andere farbe als rot kannte und sperrte sie ein.

so ganz allein gelassen fing piroschka an zu weinen. und zu schluchzen. sie konnte gar nicht mehr aufhören zu weinen und zu schluchzen. doch ihre tränen bewirkten etwas seltsames. ihre langen roten haare veränderten sich. ihr kleid veränderte sich. ihre tränen, ihre trauer veränderten plötzlich das ganze zimmer in ihrem turm. sie konnte das nicht benennen, aber sie fand es schön.

eines tages, die prinzessin war schon viele jahre im turm eingesperrt, kam ein prinz und sah sie am fenster. auch der prinz sah anders aus. sie fand ihn schön.

er befreite sie aus ihrem gefängnis und gemeinsam ritten sie zum schloss des königs.

der könig aber war sehr krank und lag auf seinem sterbebett. er erschrak, als er seine tochter sah.

warum siehst du so anders aus? so bunt?

– bunt?, fragte sie, *meine vielen tränen haben mich so gemacht, vater.*

du bist so schön, sagte der könig ganz gerührt zu seiner tochter, und da wurde ihm bewusst, was er den menschen seines königreiches angetan hatte. er weinte und rief die vier feen zu sich und bat sie, den menschen die farben zurückzugeben. und aus seiner letzten träne zauberten die vier feen eine große flut, die alle anderen farben im königreich wieder zum vorschein brachten.

der könig starb und prinzessin piroschka heiratete ihren prinzen und war sehr glücklich.

és boldogan éltek, míg meg nem haltak, schloss mein vater sein märchen.

– *werden unsere tränen auch alles wieder bunt machen in rumänien?*, fragte ich papa. der lächelte und gab mir einen kuss auf die stirn.

weihnachten im besten land der welt. es war kurz vor weihnachten. und nach der großen enttäuschung an meinem geburtstag hatte ich jede hoffnung auf ein wunder aufgegeben. hatte mich längst auf ein trauriges weihnachtsfest mit oma und papa ohne mama eingestellt. nicoletta hatte zwar freundlicherweise angeboten, mir über weihnachten ihre mama auszuleihen, doch weil oma diese immer als *nichtsnutzige trinkerin* beschimpft hatte, schlug ich das angebot aus.

eines frühen morgens weckte mich papa, der aufgeregt die kleine schwarze reisetasche packte. ganz verschlafen fragte ich ihn, was er da tue.
bukarest, sagte er angespannt und fröhlich zugleich. ich sprang auf und wollte auch schnell meine tasche packen, doch papa meinte, er würde alleine fahren.
ich sei noch zu klein für die große stadt. in meinem pyjama stand ich im flur und beobachtete meinen vater, der sich den dicken wollschal, den ihm oma eigentlich zu weihnachten schenken wollte, um den hals band. ganz fest nahm er mich in den arm, hob mich zu sich hoch, drückte mich noch fester und verschwand durch die tür.
das war das letzte mal, dass ich meinen vater gesehen habe.

den nachmittag verbrachte ich mit oma vor dem fernseher. ceaușescu wollte uns wie so oft schon erzählen, wie gut es uns ging. sprach von kapitalisten und imperialisten. ich hörte nicht richtig hin. war eher damit beschäftigt, papa in der masse ausfindig zu machen, immer wenn die kamera dorthin schwenkte.

wenn oma dachte, ihn entdeckt zu haben, sprang sie auf und stellte sich vor den *televizor*. drehte ihn ganz laut auf, weil die menschen plötzlich buhten. ich stand auf, schob oma zur seite und hörte elena ceaușescu *liniște! liniște!* rufen.

die mutter der nation versuchte, ihre kinder zum schweigen zu bringen. vergeblich. alles wurde plötzlich ganz unruhig. die menschen in der masse wurden immer lauter. dann fiel das bild aus.

als man wieder den balkon sah, stand dort nicht mehr unser *conducător*.

die kamera schwenkte auf das dach, wo zwei kleine menschen zum hubschrauber rannten. der hob ab und war verschwunden.

wie meine eltern. und der kommunismus aus dem besten land der welt.

ich war zehn und wusste mit einem schlag, was revolution bedeutete. ich steckte mittendrin. sah im fernseher menschen mit tränen in den augen, die nun nicht mehr vor trauer flossen, sondern vor freude. außer bei meiner oma und mir.

immer wieder sahen wir bilder von kämpfen auf den straßen bukarests. sahen menschen mit maschinengewehren und hörten schüsse.

mittendrin immer wieder bilder von poeten, künstlern und sonst noch irgendwelchen menschen im schäbigen fernsehstudio. nur nicht meinen vater.
wir waren alle ganz aufgeregt und waren frei, hieß es auf einmal. überall hallte es *libertate! libertate!*
wir bekamen die freiheit. nur meine mutter nicht.
mama wurde zwei tage, nachdem die drei männer sie in die schwarze dacia gezwängt hatten, am tag meines geburtstages erschossen. meine mutter war tagsüber immer in die knopffabrik gegangen und schrieb nachts texte. texte gegen das regime. darum musste sie sterben.
großmutter starb sieben jahre nach der revolution, immer noch in dem glauben, ihre tochter käme bald heim. großmutter war nicht mehr dieselbe, nachdem wir vom tod meines vaters erfahren hatten.
unser nachbar, der mit ihm nach bukarest gefahren war, erzählte, wie mein vater und er noch am selben tag von milizen festgenommen und in ein lagerhaus gebracht worden waren. dort hatte man sie geschlagen und angebrüllt. angespuckt und getreten.
in der nacht schoben drei bewaffnete milizen mit maschinengewehren das dicke eisentor auf und nahmen fünf männer mit. auch meinen vater. kaum war das tor hinter ihnen geschlossen, hörte man die milizen brüllen *für unseren ehrbaren führer. für unser rumänisches volk. singt die hymne! los!*
doch es blieb still.
danach hörte man schüsse.
am morgen mussten die anderen männer hinter dem lagerhaus gräber schaufeln.

nach großmutters tod sah ich zum ersten mal deutschland.
ich wurde von onkel ernő und tante erika aufgenommen
und blieb. nicu konnte ich nicht ausfindig machen.
die sozialistische hymne musste ich nie wieder singen.

thomas perle

1987 in rumänien geboren, wuchs dreisprachig in deutschland auf. seit 2008 lebt er in wien, studierte theater-, film- und medienwissenschaft an der universität wien, 2015 studienabschluss mit diplom. neben dem studium am volkstheater wien tätig und von 2010 bis 2012 regieassistent am schauspielhaus wien.

2013 exil-literaturpreis, 2014 im rahmen der nachwuchsautorenförderung des ORF III unter der mentorenschaft von julya rabinowich writer in residence im LOISIUM, südsteiermark. 2015 startstipendium für literatur des bundeskanzleramts. seit 2015 mitglied des internationalen autorentheaterlabors *wiener wortstaetten* und teil des europäischen kooperationsprojekts *fabula mundi. playwriting europe*.

2015 uraufführung von *europas töchter,* 2016 uraufführung seines abendfüllenden stückes *mutterseele. dieses leben wollt ich nicht.* am WERK X in wien. 2016 erster preis beim 28. literaturpreis der nürnberger kulturläden. 2018 wiener dramatik stipendium und stadtschreiber in rottweil, deutschland.